Code

FONDAMENTAL

OU

CHARTE

DU GENRE HUMAIN

DÉDUITE

DE SES PREMIERS BESOINS.

UNE CHARTE EST LA VÉRITÉ.

at ille
Labitur et labetur in omne volubilis ævum.
HORAT. Epist. II. Lib. I, vers. XLIII.

PAR MATH. GALTIÉ, D. MÉDECIN.

———✦———

PARIS,
GOSSELIN, LIBRAIRE, PALAIS-ROYAL,
GALERIE VITRÉE, N° 8.
1830.

A LA PATRIE.

Semblables aux destinées de l'astre brillant du jour, celles de la nation française sont d'éclairer le monde et d'en faire le bonheur. Puisse-t-elle remplir sa sublime mission! la liberté n'est pour elle que la dispensation de la justice, selon les véritables rapports de tous les hommes.

~~~~~~~

A SA MAJESTÉ LOUIS-PHILIPPE 1ᵉʳ, ROI DES FRANÇAIS.

La Charte sera désormais la vérité (1).

AU CITOYEN DES DEUX MONDES.

Voilà la meilleure des républiques (2).

(1) L'antique sagesse avait écrit en lettres d'or sur le frontispice du temple de Delphes cette divine sentence : *Nosce te ipsum*. Le chef suprême de la grande nation, traduisant les besoins de son cœur et de sa conscience, a proclamé qu'une *Charte était la vérité*. Cette sublime pensée doit aussi être écrite en lettres d'or, sur le frontispice du mausolée élevé aux mânes des héros morts dans les quarante-huit heures : comme l'hommage le plus pur qui puisse être rendu à l'auguste cause de leur dévouement et honorer leur glorieuse mémoire. Descendue du haut des palais jusque dans la chaumière, cette grande maxime sera désormais le phare de toutes les nations. La populariser par toutes les voies et sous toutes les formes, est le devoir de la véritable philanthropie ; l'infaillible moyen
~~~~~~~

de rendre l'espérance au malheur opprimé, d'éclairer le coupable despotisme, et d'assurer la paix publique en hâtant le progrès de la civilisation.

(2) Aucune personne capable de bon sens et susceptible de pudeur, ne peut interpréter autrement l'expression de l'illustre citoyen sans outrager à la fois son patriotisme et sa logique : en l'accusant de confondre le principe avec la chose, le créateur avec la créature. Or les faits de toute sa vie démentent une telle imputation, et déposent qu'au dictamen de sa conscience la liberté n'a été jamais que la justice, et la justice elle-même que le premier besoin des peuples.

CODE FONDAMENTAL

ou

CHARTE

DU GENRE HUMAIN.

Il n'existe qu'un seul Gouvernement: l'art
de faire jouir les peuples du plus grand bonheur par la voie de la plus grande sagesse.

CHAPITRE PREMIER.

*De la génération de nos connaissances par
nos premiers besoins.*

Livré par goût et par état à l'étude de la
médecine, il m'a été facile depuis long-temps
de me convaincre de l'incertitude, ainsi que
des vides immenses qui existent entre la doc-
trine et l'application pratique de cette science.
C'est pour sortir de cet état de doute et d'hésitation, que j'ai fait continuellement tous
mes efforts pour m'assurer si par le secours
des diverses branches des connaissances humaines, de leurs méthodes et de leurs divers
moyens d'investigation, employés directement

1

ou opposés les uns aux autres pour mieux en
apprécier le degré d'utilité, il ne serait pas
possible de lui donner une existence plus cer-
taine, une théorie plus conforme à la saine
logique et une pratique plus assurée, conséquemment plus capable de justifier la confiance
de l'humanité souffrante. Mes travaux ont eu
pour résultats, ceux qui sont ordinairement le
fruit d'une longue persévérance, d'une infatigable attention et d'une opiniâtreté croissante
en raison des obstacles. Ils ont eu pour résultats de me prouver que l'homme ne pouvait
rien créer mais seulement reconnaître ; qu'il
pouvait signaler l'existence des lois générales
et spéciales de la nature, mais qu'il n'était pas
en sa puissance de les former ; que toutes nos
connaissances n'étaient que l'expression de nos
besoins et les leviers propres à les satisfaire ;
que la science de l'homme n'était que la simple
perception de l'action universelle et particu-
lière des êtres et de la sienne propre ; enfin,
que sa tâche unique était de s'ordonner dans
le milieu qu'il habite, par le plus légitime
emploi de ses facultés, pour accroître, autant
qu'il est en lui, sa puissance sur le monde extérieur et sur lui-même, et s'assurer ainsi la
paisible possession de la plus grande somme
de bonheur et de longévité, dont sa condition
lui peut permettre la jouissance.

L'exposition de ces vérités est facile et claire : il suffit, pour ce sujet, de mettre l'homme en rapport avec ses premiers besoins; afin de voir se former, de leurs effets destructeurs sur lui, la génération de toutes nos connaissances et de toutes nos sciences physiques, morales et religieuses ; pour voir naître et grandir l'arbre généalogique de *Bacon,* non artificiel tel que l'a vu ce philosophe, mais naturel et simple, et traduisant tous les rapports des conditions de l'espèce avec les objets extérieurs et avec elle-même. Conformément à nos principes du plus légitime emploi des facultés de l'homme dans tous les actes de sa vie, nous allons exposer successivement la génération de nos connaissances comme déduction de nos premiers besoins, afin de faire ressortir davantage l'origine et le mode d'existence de celle qui est l'objet principal de ce travail, le code fondamental de l'espèce, lui assigner sa place, et constater, autant qu'il nous sera possible, son caractère d'indélibilité.

L'action universelle est constituée par l'ensemble des actions spéciales des êtres, par un état d'association et de dissociation continuelles, générateur et destructeur de toutes les existences et de toutes les espèces de besoins. L'homme, comme toute autre individualité spécialement animale, est passible de cette dissociation, et susceptible de cette association. L'action des objets extérieurs sur lui, donne lieu à des sensations et à des affections, et en s'emparant de sa propre substance, fait naître ses premiers besoins, la faim et la soif ; ses appareils des sens lui font apercevoir les moyens de les satisfaire, en même temps que ses appareils de locomotion lui permettent de s'en emparer. Les appareils des sens ne nous peuvent faire percevoir les moyens de satisfaire nos besoins, la faim et la soif, etc., sans que nous ne percevions les rapports conservateurs ou nuisibles que les objets ont avec nous, et que nous ne soyons soumis à la nécessité de nous les approprier ou de les rejeter, selon qu'ils nous sont convenables ou nuisibles. Cette faculté de percevoir les rapports des objets extérieurs avec nous, constitue l'instinct qui n'est que la perception de l'harmonie préétablie entre eux et nous, ou bien entre eux seulement, et dont l'extension forme la raison. L'instinct est d'autant plus sûr que sa sphere est moins étendue et que les espèces sont plus inférieures. Voilà pourquoi chez l'homme, où il est destiné par son développement à constituer la raison, il est plus susceptible d'induire en erreur que chez tout autre animal; aussi le doute, l'hésitation ont-ils dû toujours accompagner, dans les premières conditions de nos parens, comme ils le font encore aujourd'hui parmi nous, l'examen des objets qu'ils ne connaissaient pas convenablement.

La perception de l'harmonie préétablie entre les êtres ne s'étendant pas très-loin, le doute vint bientôt prendre la place du degré de conviction qu'elle donnait. L'homme, doutant de la nature de la substance qui devait réparer ses pertes, la soumit successivement à l'action de ses sens, la compara à d'autres présentes ou absentes qui lui étaient mieux connues, et se l'appropria ou la rejeta ensuite, selon qu'elle lui convint ou disconvint. Par les effets de ces actes, il dût s'apercevoir bientôt que les objets avaient des rapports entre eux et qu'ils en avaient également avec lui; et il eût dès lors les premières idées de ce que les métaphysiciens appellent entendement et volonté, esprit et cœur, science et morale. Lorsque le doute parut plus fondé, l'homme, poussé par son instinct, ne se borna pas à l'examen des qualités extérieures des objets, il en examina les qualités intérieures, les compara entre elles et aux parties intérieures des objets analogues, recomposa ces objets, les compara de nouveau à tous ceux qui-lui étaient connus, et avec lesquels ils pouvaient avoir de l'analogie ou de la différence ; et en agit ainsi jusqu'à ce que son doute eût été complètement levé, et qu'il pût en conséquence les admettre ou bien les éliminer. Il ne resta pas long-temps sans s'apercevoir que dans l'exécution de ce travail, il y avait une voie plus sûre et plus expéditive que toutes les autres. Il eut alors les premières idées de la logique, et obéit ainsi, après plusieurs essais plus ou moins infructueux, au plus légitime emploi de ses facultés, à la raison, dans l'investigation de la nature des choses. Ses recherches ne purent d'abord s'étendre bien loin ; les richesses de l'expérience ne lui étaient que plus ou moins complètement reproduites par ses souvenirs, quelquefois même elles ne l'étaient pas du tout, et les moyens de comparaison lui manquant, il était obligé de s'arrêter lorsqu'il aurait pu aller plus avant. De là, la nécessité de donner de l'extension à sa mémoire, par l'emploi des signes susceptibles de rappeler les objets et de suppléer à leur présence, de même que par le secours de la logique il avait été obligé de donner de l'extension à son instinct. Dès lors eurent lieu la génération des langues parlées et des langues écrites, et celle des grammaires spéciales et générales. Mais, comme les signes étaient susceptibles de reproduire plus ou moins complètement les objets absens; il en résulta encore, sous ce rapport, l'existence d'un plus légitime emploi des facultés, et la création des diverses espèces de littératures. Enfin, l'homme obéissant toujours à son insu, à l'extension de sa nature morale, ne tarda pas à se convaincre que certains objets avaient plus de rapports entre eux qu'avec d'autres, que le rapprochement dans l'investigation de leur nature, n'avait d'utilité que d'après leur analogie ou leur opposition plus ou moins tranchée; et que le travail et la durée de la comparaison étaient d'autant plus abrégés, que l'on allait plus promptement à ceux qui étaient plus susceptibles d'éclaircir le doute. De ce plus légitime emploi des facultés, naquirent les méthodes, les distributions systématiques ou naturelles des objets, et leur disposition selon leur hiérarchie d'action. D'abord la généralisation de toute action, de l'action d'existence; puis la généralisation des actions premières, des actions sensibles de couleur, de son, d'odeur, de saveur et d'action tactile, constituant les sciences méthaphysiques et mathématiques; enfin la disposition de l'action générale et des actions spéciales, composant l'astronomie ou l'action des grandes masses ; la zoologie ou l'action du règne animal ; la phytologie ou l'action du règne végétal ; et la minéralogie ou l'action du règne inorganique , c'est-à-dire l'action non systématisée par opposition à celles du règne animal et végétal , qui sont régularisées par une disposition d'appareils dont le but est toujours constant et déterminé (1).

---

(1) L'on sera peut-être étonné de ce que je ne place pas ici la physique ni la chimie au nombre des sciences. A cela je réponds que, d'après la nature, l'on ne peut donner le nom de science qu'à la connaissance de l'ensemble de l'action universelle ou bien à celle de l'une de ses parties; que dès-lors la physique rentre naturellement dans le domaine de la métaphysique, en ce qui concerne les notions de propriété générale de la matière, des idées de couleur, de son, d'odeur, de saveur et des qualités tactiles, d'étendue, de solidité, de porosité, d'impénétrabilité, de fluidité, etc.; puisque ces propriétés ne sont que des idées générales, des abstractions par excellence ; et en ce qui concerne les divers autres objets dont elle peut s'occuper, tels que la lumière, l'air, l'eau, l'électricité, etc., elle se trouve naturellement comprise dans le règne inorganique.

Nous pouvons encore avec bien plus de fondement faire à la chimie l'application du même principe. Comme la portion de l'action générale, qui est le sujet de ses recherches, fait partie de celles des règnes animal, végétal et minéral, elle rentre dès-lors nécessairement dans l'étude de l'action de ces trois règnes, et sous ce rapport elle ne peut jamais en être séparée ni avoir une existence spéciale.

Dans cette disposition et opposition des objets pour connaître leur nature, l'homme ne peut voir encore que les rapports qu'ils ont entr'eux, et nullement ceux qu'ils ont avec lui; il lui reste pour y parvenir un travail ultérieur à faire, qui est l'étude de sa propre organisation, l'acquisition des connaissances anatomiques. Alors seulement il peut opposer sa condition à celle des objets extérieurs, en déduire les rapports qu'ils ont avec lui, la cause de ses affections et le plus légitime emploi de ses facultés dans les relations actuelles qu'elles réclament, c'est-à-dire la génération de la règle et de l'ordre à suivre dans nos rapports avec les objets ambians, ou l'hygiène proprement dite.

La connaissance des rapports qu'ont entr'eux les objets extérieurs constituent, comme nous l'avons dit, la science, l'esprit, l'entendement des métaphyciiens, de même que ceux qu'ils ont avec nous, constituent le cœur, la volonté, la règle, la religion, l'ordre, etc. La connaissance de ces rapports compose la majeure partie des leviers moraux dont l'homme puisse disposer; dès qu'il l'a acquise il ne lui reste plus qu'à les ouvrer à son avantage, et à s'en servir pour accroître sa puissance sur le monde extérieur, former par leurs secours les leviers physiques propres à résister à l'action destructrice

qu'il en éprouve, et se ménager ainsi la durée
du bonheur et une plus longue existence. De là
génération des arts et des métiers et de leurs
divers résultats, leviers de nos appareils de relations extérieures ; la préparation de nos alimens, la physiologie, la pathologie et la thé-
rapeutique avec ses agens et ses procédés divers,
ou l'art d'obtenir les produits et les moyens susceptibles d'être ajoutés, comme leviers, à nos
appareils de relations intérieures ; afin de nous
mettre à même de résister à nos pertes journa-
lières, ou bien d'éliminer les causes délétères
plus ou moins graves, dont nous pouvons être
atteints accidentellement.

Ainsi l'homme par la seule nécessité où il est
de se soustraire à l'action destructrice du milieu qu'il habite, se trouve contraint pour y résister avec avantage, de connaître les rapports
qu'ont entr'eux les objets qui le composent, et
les relations qu'ils ont avec lui-même ; d'en
former des leviers pour accroître ses propres
forces, et servir d'instrument à sa puissance,
afin de leur résister ainsi un plus long espace
de temps, sans pouvoir cependant espérer jamais de dépasser les bornes étroites qui sont as-
signées à sa courte et frêle existence.

CHAPITRE DEUXIÈME.

De la génération du Code fondamental par nos premiers besoins.

Comme l'homme n'a pu dépasser certains développemens de ses facultés, sans donner de l'extension à sa mémoire, et s'aider du secours des signes des langues parlées ou écrites, de même il n'a pu les dépasser encore sans l'appui et l'assistance de ses semblables ; obligé de s'ordonner avec les objets qui l'assiégaient sans cesse de toutes parts, de les rechercher ou de les fuir selon qu'ils étaient analogues ou contraires à sa nature, il a dû gémir plusieurs fois sur sa propre faiblesse, et désirer ardemment d'accroître sa puissance ; par son instinct d'abord, et ultérieurement par sa raison, il lui fut aisé de s'apercevoir, que l'action du concours des forces, était plus grande et partant plus légitime que leur action isolée ; et qu'en un temps déterminé un même nombre d'individus agissant ensemble, pouvaient parvenir à obtenir des résultats auxquels ils ne seraient jamais arrivés en agissant chacun séparément. Il lui fut plus facile encore de se convaincre que chacun d'eux n'ayant qu'une somme donnée de force et de temps pour résister à l'action destructrice des objets environnans, ils ne pouvaient disposer de l'un ni de l'autre à l'avantage d'autrui, sans exposer leur propre existence; en détournant leurs facultés et leurs moyens de leur objet naturel; et que dès lors nul ne pouvait réunir ses forces à celles de son semblable, pour parvenir à l'acquisition d'un moyen conservateur, sans en obtenir une portion corrélative, à la somme des facultés physiques et morales, et au temps qu'il aurait employé. C'est cette double perception de la part de la majorité des hommes, concernant les avantages du concours des forces, et la nécessité du partáge corrélatif du résultat, qui constitue l'hypomoclion, la pierre de l'angle de tout ordre social, de tout développement des facultés, et le plus grand levier que nous puissions ajouter à nos appareils, qui naît conséquemment de notre premier besoin, de la nécessité de nous soustraire à l'action destructrice des objets extérieurs.

Le lien de famille, qu'on a voulu assigner à l'ordre social comme en étant le générateur, n'est qu'un moyen secondaire, dérivant des précédens comme de sa source naturelle : puisque l'homme n'élève et ne conserve ses enfans, que dans l'espoir d'en obtenir, dans sa vieillesse, un échange d'actes conservateurs, analogues à ceux qu'il leur a prodigués pendant tout l'espace de temps nécessaire à leur éducation.

Si, comme on vient de le voir, l'ordre social est la conséquence de l'obligation où nous sommes de nous réunir pour satisfaire, avec plus d'avantage, à nos premiers besoins et pour résister aux causes délétères qui nous assiégent de toutes parts, *Jean-Jacques Rousseau* a eu donc grand tort d'avancer que la civilisation était un état contre nature, un état de dégradation de l'homme. L'harmonie séductrice de la prose de cet illustre sophiste qui a fait passer, pour le malheur du dernier siècle, presque tous ses nombreux paradoxes comme autant de vérités, a déjà causé de grands maux à notre patrie durant la révolution, et peut en causer de plus grands encore à l'humanité, si on ne se hâte de les signaler, malgré les prestiges enchanteurs du voile qui les couvre, et qui sont, pour leur propagation, d'attraits non moins perfides que puissans.

Si tous les hommes possédaient le même degré d'instinct et d'intelligence, s'ils étaient susceptibles de percevoir toujours les motifs du plus légitime emploi de leurs facultés, ils

pourraient tous s'occuper directement de l'é-
laboration des objets extérieurs, pour les convertir en moyens propres à satisfaire leurs besoins. Mais malheureusement pour l'espèce,
sa condition est telle que quelque indéfinie que
soit l'extension de ses facultés, son imperfection et sa faiblesse sont toujours les compagnes
inséparables de leur développement; de telle
sorte que si d'une part le concours des forces
et le partage légitime du résultat du travail
accroît son domaine sur le monde extérieur,
de l'autre quelques-uns de ses membres croient
pouvoir se soustraire aux pénibles efforts
qu'il exige, et s'en approprier néanmoins le
fruit. Aussi ne peut-elle continuer l'extension de ses moyens, sa civilisation, sans
faire encore sortir de sa puissance un nouveau levier, et se séparer bientôt en deux
masses, dont l'une, la classe productrice,
s'occupant de l'élaboration des objets, délègue
à l'autre, à la classe régulatrice, condition-
nellement, le soin de l'investigation du plus
légitime emploi de ses facultés dans ses rapports avec elle-même, avec les autres associations, et avec les objets extérieurs; en se ré-
servant toutefois le droit de la contrainte, en
cas de parjure ou de prévarication. Nonobstant
toute l'importance de ce grand moyen de per-

fectionnement, il fut cependant loin de pouvoir suffire, et il ne se passa pas long-temps sans que la classe régulatrice, cédant à sa condition d'humanité, ne cherchât à se détourner de l'exercice de l'action qui l'avait fait établir, à se substituer aux spoliateurs qu'elle était appelée à réprimer, et à employer contre la classe productrice elle-même, la puissance que celle-ci lui avait déléguée pour la régler et la protéger. De là les luttes continuelles de la portion régulatrice de l'espèce pour déposséder la portion laborieuse. L'insurrection de cette dernière, et les tentatives réitérées qu'elle a faites pour trouver dans le mode d'existence de la classe régulatrice, dans les formes démocratique, aristocratique et monarchique, les garanties nécessaires à obtenir l'exécution des conditions qu'elle lui avait imposées; mais cela toujours en vain; et dans ce triste état d'opprobre, de misère et de dégradation, la malheureuse humanité a toujours gémi, jusques à ce que des efforts continuels et sans cesse renouvelés, avec la plus infatigable sollicitude, secondés du secours du développement des facultés, lui aient fait trouver, dans l'expression légale de la conscience publique, par la voie de la presse, et dans le mode d'existence de la classe régulatrice, de nouvelles garanties telles que la sé-

paration de l'action législative de l'exécutive,
l'hérédité et l'inviolabilité de cette dernière,
compensées par la responsabilité de ses agens,
etc., qui, ajoutées à celles que son instinct et
sa raison y avaient déjà placées, seront suffisantes pour la faire jouir du bonheur et le lui
assurer, lorsque, réduites à leur véritable valeur, et dépouillées de tout prestige, elles
pourront paraître ce qu'elles sont réellement,
la traduction des premiers besoins de l'humanité, aussi nécessaires à son existence que les
alimens destinés à réparer ses pertes journa-
lières, et les vêtemens dont elle fait usage.

Quelque difficile à résoudre que soit ce problème, sa solution n'est point cependant au-
dessus des bornes de l'intelligence, et s'il a
paru jusqu'à présent d'une difficulté insurmontable aux méditations des législateurs philo-
sophes, c'est que peu avaient mission de se me-
surer avec lui, et que tous, sans exception,
ont confondu la forme de la chose avec la chose
elle-même, le gouvernement avec son mode
d'existence, ce qui est essentiellement différent. Il n'est qu'un seul gouvernement propre
à l'humanité, c'est la science de ses vertus et
de son bonheur, la science du plus légitime
emploi des facultés d'un peuple sur lui-même
et sur les autres peuples. Déposé par les dieux

protecteurs, à côté du langage, sur le berceau de nos premiers parens, pour en rassurer la postérité, ce code est la propriété commune de l'espèce; nul ne peut lui en ravir la possession, il fait partie de sa plus intime nature comme de tous ses besoins, et lui seul peut la faire jouir de tous les charmes et de toute la plénitude de l'existence.

Pour obtenir la plus naturelle solution de ce grand problème, il s'agit de s'élever du premier rudiment de l'ordre social jusqu'au plus haut degré d'extension dont il est susceptible, et de suivre à cette fin la chaîne de l'identité, quelles que soient les formes sous lesquelles elle se cache, depuis l'instant où l'homme ajoute à ses propres forces l'action du concours avec ses semblables, pour repousser l'agression des objets extérieurs, ou les convertir en moyens susceptibles d'apaiser ses besoins, jusqu'à celui où cette action, parvenue à son plus grand développement, donne à nos facultés tout le surcroît de puissance qu'elles puissent acquérir.

Nous avons déjà vu que l'homme contraint par ses besoins de s'ordonner avec les objets qui l'environnaient, et doué des facultés de les percevoir et de réagir sur eux, ne pouvait se les approprier ou les rejeter sans s'être assuré auparavant de leur nature, par la connaissance des rapports qu'ils ont entre eux ou avec lui-même. Nous avons dit encore que pour être aidé dans cette action il avait appelé ses semblables à son secours ; que dans ce premier degré de développement des facultés, sa condition ne lui avait fait réclamer qu'une extension de ses propres forces comme dans le suivant : dans la séparation des masses en régulatrices et productrices, il n'avait stipulé que pour le repos nécessaire à son travail et sa sûreté dans la possession du produit qui en était le résultat. Tels sont les élémens de tout ordre social, les bases de toute règle, loi, religion, morale, législation, etc. ; traduisant les plus légitimes besoins de l'espèce, les plus naturels rapports des masses avec elles-mêmes, les autres associations et le monde extérieur. Tout est là à l'état rudimentaire, destiné à prendre de l'extension d'une manière corrélative au développement de nos facultés. Comme toutes nos sensations et idées secondaires sont des formes de nos sensations et idées primitives de couleur, de son, etc., de même tous les germes d'ordre, de morale et de législation, sont renfermés dans l'action des hommes sur eux-mêmes par l'intermédiaire des objets extérieurs : dans le plus légitime emploi du concours des forces pour obtenir un résultat déterminé, et dans la plus légitime division de ce résultat, proportionnellement au degré d'action et à la somme de temps employé par chaque coopérateur ; de telle sorte que le besoin de réagir, par le plus légitime concours des forces, avec le plus d'avantage possible, sur le monde extérieur, est le principe de tout ordre social : comme le besoin, conséquence du précédent, de continuer la même action sur les mêmes objets, et de la diriger simultanément sur tout ce qui peut être le résultat de l'association, est le principe générateur de toutes les formes qu'il puisse offrir et qu'il soit susceptible de prendre.

Plongé dans un milieu essentiellement hostile, et ne devant notre mouvement, notre vie qu'à notre réaction, à la nécessité de repousser les actes destructeurs qu'il fait continuellement sur nous, nous ne restons pas long-temps sans nous convaincre de notre faiblesse, et sans percevoir que si nous étions doués d'une plus grande somme de résistance, notre condition serait bien plus favorable, soit que cette plus grande résitance fût l'effet d'un plus grand accroissement de notre propre puissance, ou bien de l'addition d'une force étrangère. Dès lors nous percevons naturellement tous les avantages de l'action du concours, de l'addition des forces sur ceux de leurs effets à l'état d'isolement, et nous éprouvons conséquemment le besoin de nous réunir à nos semblables pour cet objet. Nous ne tardons également guères sans être convaincus qu'il est, dans ce concours, des modes d'agir plus avantageux les uns que les autres ; et que le plus grand résultat, la plus grande réaction possible sur le monde extérieur, est la suite du plus légitime emploi des forces dans l'exercice de leur ensemble. Cette perception des avantages de la réunion des forces dans une action quelconque est le principe fondamental de l'ordre social, en nous signalant le plus grand moyen de conservation qui soit en notre puissance ; rapprochée ensuite de celle de leur plus légitime emploi, elle nous montre la source de tous les perfectionnemens dont il est susceptible, et nous fait ainsi apprécier de plus en plus le degré d'utilité et d'importance qui lui assigne le premier rang dans nos besoins.

Compagne inséparable de notre aptitude à la perfection, notre faiblesse nous suit partout. Si la grande majorité des hommes chérissent la vertu et perçoivent la nécessité de coopérer aux efforts du concours pour obtenir une portion corrélative de son résultat ; les autres, oubliés par la nature et imparfaits quant au moral, croient pouvoir se dispenser des mêmes efforts, et participer cependant aux mêmes avantages. De là, la triste nécessité où se trouve l'espèce de diriger contre elle-même des moyens de défense, dont elle semblait n'avoir été pourvue que pour en user contre les objets extérieurs ; et la séparation de l'action sociale primitive en deux actions secondaires, dont l'une a pour but de continuer d'agir contre les objets ambians, et l'autre contre tout ce qui peut s'élever dans le sein même de l'association.

Le degré d'intelligence qui a suffi pour faire percevoir à l'homme les avantages de la plus légitime action du concours, lui a donné ici connaissance que la même portion de l'espèce ne pouvait s'occuper avec un égal succès de l'exécution de ces deux actes, et lui a fait éprouver le besoin de la confier à deux portions différentes, dont l'une continuât de se livrer à l'exercice de ses occupations ordinaires, et dont l'autre fût chargée de l'exécution de la nouvelle action. C'est ainsi que la classe industrielle s'est vue obligée de déléguer à la classe régulatrice une portion de sa puissance, pour qu'elle protégeât le produit du travail, en se livrant à l'investigation de nos plus légitimes relations intérieures et extérieures, moyennant la concession d'une indemnité corrélative, et la réserve de la garantie nécessaire à l'exécution des conditions établies ; afin que libre de tous ces soins, elle pût elle - même avoir, alors comme auparavant, la faculté de vaquer aux moyens de satisfaire à ses besoins : de réagir avec toute la somme de ses forces contre le seul monde extérieur.

L'instinct a pu nous faire sentir l'utilité du concours des forces dans notre réaction sur les objets ambians, il a été capable même de nous donner connaissance, jusqu'à un certain point, des avantages de la délégation de la puissance pour l'investigation de nos plus légitimes rapports, et de la réserve d'une garantie respective. Mais il faut un certain développement de facultés pour être à même de sentir le besoin de résister indirectement à l'action des objets extérieurs, et pour apprécier toute l'importance du plus légitime emploi de nos moyens, dans la concession des recherches de l'extension de nos relations avec ces mêmes objets. Telle est sans doute la raison pour laquelle ces recherches n'ont jamais fait encore partie du mode d'existence d'aucun système politique, quoique par leur fin elles aient sur le progrès de la civilisation une influence non moins puissante que celle de l'investigation de nos autres rapports généraux.

Ainsi la classe industrielle se trouve obligée,

par sa propre vocation, de confier condition-
nellement à la classe régulatrice sa sûreté intérieure et extérieure, la recherche de ses plus
légitimes rapports avec elle-même, avec les
autres associations et avec les objets extérieurs,
c'est-à-dire presque toute l'extension de sa
propre existence : l'action administrative et
judiciaire ainsi que la diplomatie, la religion,
la morale, la législation, le développement
des arts et des métiers, la transmission de nos
connaissances et tous leurs divers progrès; ne
pouvant absolument se réserver pour elle-
même, que l'application des notions acquises
à l'élaboration de leurs objets respectifs, et la
tâche épineuse et difficile d'obliger la classe régulatrice à l'observation religieuse des lois immuables de l'éternelle justice, traduites dans
les pactes contractés.

La nécessité de remplir cette tâche, conséquence de la nature des rapports de la classe
productrice avec la classe régulatrice, donne
lieu à la troisième et dernière action générale de
l'ordre social. Par la première de ces trois actions,
l'espèce avait pour objet d'agir uniquement sur
le monde extérieur ; par la deuxième elle a eu
égal ment le même objet ; mais elle a été forcée de déléguer à l'une de ses portions la puissance nécessaire pour se faire assurer le pro-

duit de son travail ; enfin dans la troisième elle est encore obligée de continuer ses efforts contre le monde extérieur, en même temps que contrainte d'agir sur elle-même, sans pouvoir en aucune manière, pas plus se départir de cette dernière action que de la précédente qui en est la génératrice, et qui la produit comme sa conséquence naturelle. L'espèce se trouve dans cette fâcheuse nécessité toutes les fois que par l'erreur la plus fatale à elle-même, la portion régulatrice prend la place des déprédateurs qu'elle est appelée à réprimer, et substitue ainsi ses propres besoins à ceux de la classe productrice, s'efforce de la spolier et de la plonger dans la misère loin d'en accroître la prospérité, conformément à l'objet de sa mission, en protégeant d'une manière sage et éclairée tous les divers genres de produits de l'association.

Nous ne pouvons jamais sortir de notre nature, nos rapports avec le monde extérieur pour avoir été agrandis n'ont point changé d'essence, nos besoins restent toujours les mêmes ; et la classe industrielle réclamant à la classe régulatrice l'observation des engagemens contractés, est, dans le cas de tout autre existence, obligée de repousser un agent destructeur quelconque, et contrainte, par le besoin de sa conservation, d'employer, pour y réussir, tous les

moyens que la nature peut avoir mis à sa disposition.

L'obligation où se trouve, par sa condition,
la classe industrielle, de réagir contre les actes hostiles de la classe régulatrice, crée son
droit, sa souveraineté, la souveraineté du peuple, de même que la forme de cette réaction,
ou le moyen d'en assurer le succès, et de la con-
duire à son but, constitue le code fondamental
de l'espèce ; la Charte du genre humain ; dont
l'objet est de contraindre au devoir la classe
régulatrice, en l'obligeant à tenir ses engagemens et ses sermens, et dont les développemens
successifs engendrent tous les divers modes
d'existence qu'il nous reste encore à examiner.

Comme nos actions sont à nos rapports ce
que nos rapports sont à nos besoins, l'on est
forcé de conclure, que si la classe industrielle
ne peut se dispenser du travail, vu qu'elle n'a
pas d'autre moyen de se soustraire aux effets des
agens destructeurs, elle ne peut également se
dispenser de pourvoir à la sûreté du produit qui
en est le résultat ; et que le besoin de le défendre est pour elle un besoin non moins urgent
que celui du travail même : attendu qu'agir
pour obtenir ou conserver un résultat quelconque est en dernière fin une seule et même
chose. Cet impérieux besoin de défendre le pro-

duit de nos labeurs, ainsi que le moyen d'y satisfaire, générateurs de la souveraineté des peuples
et du code fondamental de l'espèce, sont la propriété indélébile et inaliénable de la classe industrielle, qu'on peut moins encore lui ravir,
qu'on ne peut lui arracher, par violence ou par
astuce, le fruit de ses sueurs ; puisque la nature n'a pu condamner l'homme à la glèbe, sans
le condamner également à en défendre le ca-
chet qu'il lui imprime et la portion de lui-
même qu'il y fixe. Inséparables l'un de l'autre,
ces deux actes se suivent partout, comme des
conséquences nécessaires, et se servent de garantie respective.

La souveraineté des peuples, et la Charte du
genre humain, ont donc leur source dans le premier de nos besoins : dans celui de notre conservation, dans la nécessité de protester contre
la cause de la douleur, et de la repousser. Cou-
pables prosélytes du despotisme, et vous tous
ignorans publicistes qui partagez la bassesse de
de leurs sentimens, cherchez votre réponse.
Pour vos souhaits criminels la nature n'enfrein-
dra par ses lois, la vérité seule a le droit de
prescrire. Sans la souveraineté des peuples, il n'y
a pas plus de vie possible dans l'ordre politique,
qu'il n'y en a sans la réaction dans la nature
entière : l'une et l'autre sont la conséquence des

mêmes nécessités, du besoin de repousser toute cause de destruction, toute cause de mort. Voilà aussi pourquoi chez les nations qui ont eu le bonheur de conserver leur souveraineté, ou celui de la reconquérir, la vie sociale brille au loin d'un si majestueux éclat, et que tous les jours sont pour elles des jours si prospères.

Ce n'est pas sans motif qu'un sentiment instinctif d'horreur ameute sans cesse les gouvernans contre la souveraineté des peuples. C'est leur Code pénal; le seul dont ils soient passibles, il est à leurs malversations ce qu'est l'action judiciaire aux déprédations ordinaires. Institués pour être symbole des vertus, et devenus promptement le scandaleux emblème du crime, la seule pensée de son existence provoque en eux une brûlante fièvre, source de leur état permanent d'hostilité contre lui, et de la guerre d'extermination qu'ils lui font. Ils ne voient dans ses résultats que leur châtiment continuellement en présence de tous leurs actes; et la raison publique les contraignant à suivre, sans jamais pouvoir en dévier, le droit sentier de la justice, auguste et unique voie de la vertu et du solide bonheur des hommes,

Nous avons fait observer que des deux actions, déduites du plus légitime concours des forces pour protéger le produit du travail, l'ac-

tion de garantie , le mode d'exercice de la souveraineté dont la classe industrielle ne pouvait
se départir , donnait lieu par son extension successive à toutes les diverses formes de l'ordre
social , et avait pour objet d'assurer l'exécution
des deux premiers actes qu'il nous présentat : d'o-
bliger la classe régulatrice à s'acquitter religieusement de son emploi, et de protéger de la sorte
la paix nécessaire au travail de la classe productrice. Ainsi le mode d'existence sociale et
tout ce qu'elle peut être , sont la conséquence
de la nécessité où se trouve la classe industrielle , de donner à son action de garantie telle
forme plutôt que telle autre , pour contraindre
la classe régulatrice à la plus légitime investigation de nos rapports , et s'assurer en même
temps le repos nécessaire à ses occupations.

De même que nos besoins ont été les législateurs de nos rapports et des deux premières actions sociales , en motivant la préférence de tel
mode d'exercice de nos facultés sur tel autre :
de même ils le sont encore de celle que nous
examinons. Dans le premier des deux actes
précédens, le plus légitime emploi des facultés,
a eu pour fin de faire la plus grande action possible sur le monde extérieur ; dans le deuxième
il a eu le même objet et celui d'en produire simultanément une seconde sur la masse elle-

même, en déléguant une portion de la puissance à la classe régulatrice pour la répression
des déprédateurs. Enfin dans celui dont il s'a-
git, il a également pour but de déterminer la
plus grande action possible sur le monde extérieur, et une deuxième sur la masse, en diri-
geant celle-ci non plus sur les déprédateurs
ordinaires comme dans le cas précédent, mais
bien sur la classe régulatrice même, devenue
destructrice de conservatrice et réparatrice
qu'elle était de sa nature. La délégation de la
puissance dans l'intention de confier à une seconde partie de l'espèce, l'exécution de cette
dernière action, ne ferait que compliquer sin-
gulièment les moyens, et reculer la difficulté
sans jamais pouvoir la surmonter ; puisque par
son essence la classe productrice ne peut se départir de l'exercice des derniers modes de l'action répressive, et que d'ailleurs nos besoins et
nos rapports, quoique restant les mêmes dans
le fond, se trouvant ici par l'extension qu'ils
ont prise dans des conditions bien différentes que dans le cas où il s'est agi d'une simple
délégation de pouvoir, deviennent par ce motif
les seuls générateurs du mode d'existence de
l'action de garantie, capable de la faire parvenir
au but qu'elle est obligée d'atteindre ; et ne

peuvent conséquemment être satisfaits que par
la réaction naturelle qu'ils sollicitent.

C'est dans la détermination de cette forme
de l'action de garantie, dans la modification
qu'elle éprouve, selon l'espèce de besoin auquel elle s'applique, que gît toute la difficulté
du problème de l'action sociale, dont on n'a
pu obtenir encore la solution ; qui n'est cependant qu'une simple difficulté logique, aussitôt
que la raison humaine, contemplant cet éternel
sujet de ses méditations, arrive à percevoir la
cause et la fin de toute ordonnation : que le
néant, l'espace entre la cause et l'effet, est
impénétrable pour nous comme étant hors du
domaine du sentiment ; que nous ne pouvons
apercevoir entre l'un et l'autre, que des rapports de traduction et non de génération ; que
les causes et les effets sont nos objectifs, nos
modificateurs, les agens de nos propres besoins;
qu'ils déterminent en nous des passions et des
réactions, source de toutes nos connaissances,
puisqu'au de là tout est néant, ainsi que nous
venons de le dire ; que ces objectifs, ces agens
de nos besoins sont les sujets de toutes nos ordonnations ; qu'ils sont destructeurs ou conservateurs, et donnent lieu comme tels à des nécessités, à des besoins et à des réactions res-
pectives, qui ont pour objet de les éliminer ou

de les attirer : dans le premier cas pour nous
en délivrer totalement , et dans le second pour
les convertir en produits , nous les rendre sor-
tables et les ajouter ensuite à nos moyens naturels , afin que par eux nous soyons plus capables de nous débarrasser des précédens ; que
les modifications que ces objectifs , ces sujets
d'ordonnations déterminent , sont continuellement dans le rapport constant avec le besoin ,
la réaction et les ordonnations qui en sont la
suite ; que dans l'état normal ces réactions , ces
ordonnations sont toujours supérieures aux sujets qui les provoquent et les besoins satisfaits ;
sans quoi il n'y aurait que des causes de destruction , de mort , de vie instantanée possible et
non de cause de conservation et de vie progres-
sive ; ce qui est hors des lois de la grande économie de la nature ; puisque la destruction
ou la mort sont toujours essentiellement ulté-
rieures à la vie , et qu'il faut nécessairement
avoir vécu avant de pouvoir être contraint à
mourir. Ces connaissances une fois acquises ,
toute la difficulté de la solution du problème
consiste à déterminer par quel moyen en une
action quelconque, la réaction se trouve toujours supérieure à la passion et à l'objectif qui
la sollicitent , et quelles sont les formes et les
nuances qu'elle est obligée de prendre dans la

troisième réaction générale de l'ordre social, pour parvenir à cette fin et à celle qu'elle a pour objet d'atteindre.

La nature n'a pu imposer une tâche à un être quelconque sans la lui rendre obligatoire, et le contraindre à s'en acquitter avec toute la somme des forces physiques et morales qu'elle a mises à sa disposition, et par leur plus légitime emploi. Nous avons vu que l'instinct était d'autant plus sûr, et sa sphère d'autant plus circonscrite, que les animaux occupaient un rang plus inférieur dans l'échelle. Dès lors, dans tous les actes semblables de leur vie, la somme et le mode d'action de leurs facultés, doivent être absolument les mêmes ; et il ne saurait y avoir pour eux de préférence d'un mode sur un autre. Mais à mesure que l'instinct prend de l'extension et approche de la raison, s'il devient moins sûr, il devient en compensation plus susceptible de percevoir les motifs du choix, de la préférence, et de mettre à profit les leçons de l'expérience. C'est principalement chez l'homme, où l'instinct destiné par sa nature à constituer, en se développant, la raison, à percevoir et à sentir l'importance de la vérité, les rapports naturels des objets entre eux, que ces motifs de choix et de préférence se font surtout remarquer. Aussi l'homme est-il l'être par excellence, appelé à l'usage du plus légitime emploi des facultés, et suscep- tible d'ajouter à sa puissance ordinaire, toute celle qui peut provenir de leur plus juste exer- cice; et de lui donner ainsi une extension dont les bornes seront toujours incommensurables.

L'action de garantie étant capable d'exten- sion, de même que toutes nos autres ac- tions, et l'extension de nos rapports n'en chan- geant pas l'essence, ainsi que nous l'avons dit, la classe productrice se trouve absolument, par sa condition, en présence de la classe régula- trice, comme en présence du monde extérieur, et doit par cette même raison, faire tous ses efforts pour s'ordonner convenablement avec elle; la contraindre à rester dans la sphère que lui assigne la nature; et faire usage à ce sujet, de tous ses moyens, du plus légitime emploi de ses forces physiques et morales, de toute sa science et de toutes ses vertus, pour l'obliger à user elle-même du plus légitime emploi de ses facultés, de la science et de la vertu, afin qu'elle s'acquitte religieusement de la tâche qui lui est concédée; qu'elle signale l'existence de nos plus légitimes rapports avec nous-mêmes, avec les associations étrangères et les objets ex- térieurs, et soit de la sorte toujours essentiel- lement conservatrice et jamais destructrice.

Le plus légitime usage des facultés de la
classe productrice, pour parvenir à cette fin,
ne peut concerner les moyens physiques de la
classe régulatrice, puisqu'elle-même lui délègue ceux de ces moyens propres à l'exercice
des fonctions qu'elle lui confie. Il ne peut donc
avoir pour objet que le plus sage emploi des
facultés morales : d'exiger de sa part les connaissances et les vertus nécessaires à remplir
dignement la mission dont elle la charge, et
de l'y contraindre en cas d'abus par le mode
d'exercice de la puissance déléguée, l'ascendant de l'opinion publique, l'action de la presse
ordinaire ou périodique, et enfin par le plus
légitime emploi des forces physiques dans l'insurrection.

La découverte de la vérité, et la pratique
des vertus, sont donc l'honorable fin où ten-
dent, comme à une conséquence de ses besoins, tous les efforts de l'espèce dans l'exercice de sa souveraineté ; afin de pouvoir en
déduire les lois les plus en harmonie avec sa
nature, vivre en paix sous leur égide protec-
teur, et parcourir ainsi, sans obstacles, toutes
les périodes de ses hautes destinées.

C'est pour parvenir à ce résultat important
que la classe productrice recherche la science
et la vertu, dans le délégué à qui elle confie

sa puissance, en même temps que par leur moyen, elle tâche d'en assurer le plus légitime exercice. Tel est le motif pour lequel elle ne peut la concéder qu'à ceux de ses membres qui, par l'ordre des circonstances où ils se trouvent, et le genre d'utilité qu'ils en ont retiré, présentent un degré de supériorité capable de bien apprécier la hauteur et l'étendue du sujet de leur mission.

D'après les lois immuables de toutes choses, science, talent, vertu sont essentiellement synonymes : puisque nous n'avons qu'une seule conscience dont la tâche est de percevoir les rapports que les objets ont entre eux, c'est-à-dire la science ou bien les rapports qu'ils ont avec nous, c'est-à-dire, le cœur, la morale, la religion ; d'où il suit que le même degré de pureté, susceptible de lui faire percevoir les premiers rapports, lui fait également percevoir les seconds, et qu'il y a ainsi identité dans l'acte, et différence seulement dans l'objet de la perception. Aussi la science réelle sera-t-elle toujours la compagne inséparable de la véritable vertu, et le même ordre de choses propre à permettre l'acquisition de l'une, sera-t-il toujours susceptible de hâter le développement de l'autre.

La condition la plus indispensable, après les

dispositions naturelles, pour acquérir l'instruc-
tion nécessaire au sujet dont il s'agit, est généralement une aisance qui, mettant à l'abri
des besoins ordinaires, permette de se livrer
convenablement à la culture des facultés morales. Il serait, d'après cela, superflu d'établir
que, hors l'état d'un grand développement de
civilisation, la classe industrielle ne peut en
masse juger du degré de capacité voulu pour
être investi de la puissance; attendu que pour
apprécier les conditions d'un objet quelconque,
il est indispensable de le bien connaître, afin
d'être à même de porter sur lui un jugement
équitable; aussi y aura-t-il toujours plus de
sagesse de sa part, de ne confier cette mission
qu'à ceux de ses membres qui seront capables de
s'en acquitter convenablement, et dont l'aisance, chose égale d'ailleurs, peut garantir
la science et la vertu indispensable à ce sujet.
Le degré de fortune, pour donner cette aisance, étant variable selon le pays, on ne peut
fixer d'autre règle générale que celle que nous
avons posée plus haut. En France, par exemple, la somme de 3oo francs de contributions,
est une des plus heureuses conditions trouvées:
elle représente tellement bien le terme mitoyen
des fortunes industrielles et foncières, que
l'élever ou l'abaisser, serait s'exposer à man-

quer le but qu'on doit désirer d'atteindre , le
plus légitime emploi des facultés dans un acte
quelconque.

La puissance ne pouvant être déléguée qu'à
la science et à la vertu , et le légataire ne pouvant légitimement la confier qu'avec connaissance de cause , il s'ensuit que le même degré
d'aisance qui peut faire apprécier la science et
la vertu nécessaire pour exercer la puissance ,
doit donner également la capacité d'en être investi. Il y aura là vérité et justice , et conséquemment légitime emploi des facultés , tant
que l'argument suivant sera irréfragable : de
deux hommes en France , comme partout ailleurs , payant le cens électoral , dont l'un par
goût se livre à l'acquisition des richesses morales , et n'accroît que peu ou point sa fortune,
et dont l'autre se livre à l'acquisition des richesses physiques, et devient par elles éligible ;
lequel des deux est-il supposé devoir posséder
plus de science et de vertu pour user légitimement
de la puissance ; c'est sans contredit le premier.
S'il en est ainsi, conformément à la vérité , la
question est jugée, et le cens électoral doit être
également le cens de l'éligibilité.

La science et la vertu étant les deux conditions que les besoins de la classe productrice
exigent dans le délégué qui doit fixer son

choix, l'âge de quarante ans est celui de préférence à tout autre qu'il doit avoir atteint, pour répondre à la confiance qu'il doit inspirer, et s'acquitter convenablement de la mission dont on le charge; cet âge est d'ailleurs celui des approches de l'âge mûr, et conséquemment de l'époque de la sagesse, pour tout homme qui a su se ménager le moyen de pouvoir un jour devenir sage.

Si l'âge de quarante ans paraît être une condition nécessaire à l'éligibilité, celui de trente semble suffire à la condition électorale; puisque l'homme à trente ans, sauf la sagesse, est tout ce qu'il peut être. Il est alors citoyen, époux et susceptible de remplir tous les devoirs de la charge que sa capacité pourrait lui assigner. L'éligibilité avant l'âge de quarante ans, et l'électorat avant celui de trente, seraient une fâcheuse erreur; comme n'étant pas l'expression de la plus grande somme de talens et de vertus dont puisse disposer une association, pour garantir et développer ses moyens d'existence. Aussi les rares exceptions qui pourraient infirmer cette vérité ne seront-elles jamais suffisantes pour détruire les bases de la règle qu'elle doit établir.

Le besoin du travail, la sûreté de son produit, l'extension des facultés et l'imperfection de la condition de l'espèce, rendant nécessaires, comme rudimens de l'ordre social, la science et la vertu pour l'exercice légitime de la puissance, et l'investigation de nos véritables rapports, qui en est l'objet; nous venons de voir comment la classe productrice s'est garantie dans son délégué l'existence de la capacité, voyons maintenant comment elle s'assurera l'observation du devoir et la pratique de la vertu. Le délégué pourrait être nommé à vie ou pour un temps déterminé. Dans le premier cas il y a illégitimité, puisque, par l'imperfection de notre condition, le délégué substituerait bientôt, dans les lois qu'il établirait, ses besoins à ceux de ses commettans, et qu'il y aurait ainsi sans motif moyen de violation des lois immuables de l'ordre. La règle et la religion, obligent donc la classe productrice à limiter la durée de l'exercice du pouvoir. Dix, sept, cinq années paraissent être l'espace de temps le plus convenable; cependant la durée de cinq ans semble plus légitime que tout autre. Aussi parmi nous l'institution de la quinquennalité est-elle l'une des institutions politiques le plus conforme à la nature des choses.

Le besoin du repos pour vaquer au travail étant l'un des rudimens de l'ordre social, serait-il légitime de renouveler en masse la classe régulatrice; ici la réponse, d'après la nature des choses, ne peut être que négative. Un renouvellement en masse est une secousse politique réelle toujours plus ou moins prononcée, et quelquefois violente qui, par les changemens brusques et subits qui peuvent en être la suite, peut porter atteinte au repos et au produit du travail. Des renouvellemens insensibles tels que des renouvellemens annuels, en évitant ces imperfections, sont des traductions plus fidèles de nos besoins, et méritent sous ce rapport la préférence. L'homme estimable qui, selon l'opinion publique, eut le malheur d'importer chez nous la septennalité, sera peut-être justiciable devant la postérité des calamités qui depuis lors ont pesé sur la France, des catastrophes des 27, 28 et 29 juillet, et des malheurs de la famille de Charles X.

Ici se présente une importante question sur laquelle on n'a pas encore mûrement réfléchi; puisqu'elle n'a pas été résolue comme une traduction des besoins de l'ordre social. Le délégué à la puissance peut-il se livrer à l'exercice de ses facultés, remplir sa mission, sans retirer le fruit de son travail. A cela nous observons que la pierre angulaire de toute association étant le besoin de l'exercice et de l'extension des facultés, ainsi que celui de la garantie de leur produit, il y a violation du plus légitime emploi de nos moyens, cause de dissolution sociale, toutes les fois qu'un individu est privé du résultat de ses travaux ; vu qu'il s'en dédommage par des actes illicites, ou que si la fortune lui permet une vertueuse résignation, la condition sociale qui lui commande ce sacrifice, ne peut le faire sans repousser ceux qui auraient eu droit de se présenter, et dès-lors il y a cause de détérioration réelle, puisque la science et la vertu trouvent dans leur extension un obstacle que condamnent la religion et la morale ; et dont les effets doivent nécessairement se faire sentir dans l'ensemble de l'association, quoiqu'ils puissent être inaperçus dans les détails.

Les émolumens des délégués à la puissance, ne devant être qu'une traduction du fruit qu'aurait pu produire leur travail, s'ils fussent restés dans la classe industrielle, ne doivent pas dépasser l'aisance que peut exiger l'exercice du pouvoir qu'on leur confie. La somme des indemnités nécessaire à donner cette aisance variant selon le pays, ne peut être que corrélativement déterminée ; ayant pour base la richesse du sol, le degré de civilisation de ses habitans, leurs relations extérieures, etc.

La classe productrice en déléguant la puis-

sance à la classe régulatrice, n'a pu la lui confier, ainsi que nous l'avons dit, d'après les
conditions premières de l'espèce, que pour l'investigation de ses plus légitimes rapports avec
les membres qui la composent, les autres associations et les objets extérieurs; et en exi-
geant d'elle la garantie de science et de vertu
nécessaires pour qu'elle en usât selon le plus
légitime emploi des facultés, l'ordre immuable
de la nature. De là cette question : la classe
régulatrice doit-elle se livrer en masse et simultanément à l'investigation de la règle et de
nos plus légitimes relations? Assurément non notre faiblesse et notre imperfection naturelles s'y
opposent; il n'arrive que trop souvent dans une
assemblée que par notre disposition à l'imita-
tion, l'ascendant des supériorités qui peuvent
y briller, par l'élocution ou la véhémence du dis-
cours, nous nous laissons entraîner et séduire jusqu'au point de prendre l'erreur et le sophisme
pour la logique et la vérité. Aussi est-il toujours nécessaire, pour assurer le triomphe de
l'ordre, de la morale et de la justice, pour
que la loi soit ce qu'elle doit être, la traduction des besoins de la majorité, l'expression
des plus légitimes rapports de ses membres, que
la classe régulatrice soit divisée en deux corps,
dont le premier s'occupe de l'investigation du

plus légitime emploi de nos facultés, de nos plus légitimes relations, et dont le second les contrôle, les admette ou les rejette, selon qu'elles sont ou non la traduction fidèle de nos besoins. Chacune de ces deux portions de la classe régulatrice doit être désignée par un nom conforme à la nature des objets dont elle s'occupe. C'est ainsi par exemple que la première, spécialement affectée à l'investigation de nos rapports, peut être appelée assemblée ou chambre d'investigation, tandis que la deuxième, destinée à méditer sur l'erreur ou la vérité des travaux de la première, à proclamer le juste ou l'injuste, doit être désignée par le nom le plus conforme à l'espèce de service qu'elle rend, par celui d'assemblée, de chambre d'appel ou de révision.

Les membres de cette chambre devant offrir les mêmes garanties que ceux de la précédente, leurs conditions d'éligibilité doivent être semblables, modifiées seulement d'après la nature de leurs fonctions. Appelés à juger les travaux des membres de la chambre d'investigation, ils doivent avoir une plus grande expérience, conséquemment plus de science et de vertu ; aussi est-il nécessaire qu'ils soient parvenus à toute la plénitude de l'âge mûr, à quarante-cinq ou cinquante ans, qu'ils aient acquis une supériorité morale considérable, rendus des services importans à l'humanité et à la patrie. Une telle chambre doit être l'auguste asile de la portion la plus éclairée et la plus sage de la magistrature, de l'état militaire, de la philosophie, des sciences, des lettres et des arts libéraux. Ces conditions sont indispensables pour l'entourer de tout le respect et de toute la considération nécessaires à l'importance et à la gravité de l'action publique qu'elle est destinée à exercer.

Le besoin du repos réclamé par le travail, et la protection du résultat qui en est le produit, conditions, premières, de toute association, doivent-ils chercher dans la durée de l'exercice de la puissance de la chambre d'appel, les garanties exigées de celle de la chambre d'investigation? La nature des travaux étant ici différente : puisqu'il n'y a plus recherche de la vérité, mais seulement jugement sur son aloi, les garanties relatives à la durée de l'exercice du pouvoir sont moins nécessaires ; elles sont d'ailleur compensées par les conditions d'éligibilité et le degré de supériorité morale des membres, appelés à former cette chambre qui doit toujours être composée de la plus grande élite nationale : aussi l'exercice du pouvoir qu'on leur lègue, doit-il être concédé à vie. Tout mode de renouvellement ne serait qu'un sacrifice de repos, un travail que s'imposerait sans nécessité la classe industrielle, et un acte non déduit de ses plus légitimes rapports avec la classe régulatrice.

Comme les supériorités ne peuvent être transmises par la naissance, et que les sciences et les vertus, les services rendus à l'humanité et à la patrie, sont un héritage qu'un père ne peut concéder à ses enfans en leur donnant le jour; par la même raison que la classe productrice, peut léguer à vie, l'exercice du pouvoir à la chambre d'appel, elle ne peut le lui concéder héréditairement. Si elle en agissait ainsi elle n'obéirait point au plus légitime emploi des facultés, à la traduction fidèle de ses besoins, elle se priverait à son détriment, du plus puissant moyen de conservation et de perfectionnement de l'ordre social : de l'extension des facultés par la rénumération la plus grande et en même temps la plus légitime qui soit en son pouvoir; puisque toute expression de supériorité qui n'est pas la vraie traduction des qualités de celui qui la porte, est une criminelle usurpation, des besoins de l'humanité, une honteuse hypocrisie politique, une véritable caricature chinoise au-dessous de laquelle on aurait écrit : *c'est ici le beau idéal de l'espèce ;* et dont le moindre inconvénient est de tendre à arrêter les progrès de la civilisation, en se présentant sans cesse devant elle comme une barrière hostile et trop souvent insurmontable. Aussi la chambre d'appel ou de révision ne pourrait-elle être héréditaire, sans soulever contre elle la masse de la conscience publique, sans la violation la plus scandaleuse de la religion, et de la morale, comme substituant le besoin d'une coterie ou d'un parti, à ceux de la grande majorité. Véritable instrument de dégradation et de mort à la place de l'action sociale la plus éminemment vitale, une telle usurpation ne saurait jamais prescrire, et l'espèce protesterait sans cesse contre l'acte d'astuce ou de violence qui, au mépris de tout respect humain, en aurait fait la proclamation.

Les intérêts les plus chers à sa propre nature, obligent conséquemment la classe productrice, à remplacer à leur mort les membres de la chambre d'appel, de la même manière qu'elle pourvoit au remplacement de ceux de la chambre d'investigation, ou bien encore sur une liste de cinq ou six candidats, pour chaque membre à nommer, présentée, par cette dernière, mais mieux cependant par le premier moyen. De ces deux modes, celui de la candidature n'offre que l'avantage de signaler les plus grandes notabilités, tandis que le premier est plus conforme aux besoins de notre condition.

La chambre de révision destinée, avons-nous dit, à contrôler les travaux de la chambre d'investigation, devait être composée, pour remplir avec dignité sa mission, des supériorités morales les plus marquantes; et considérée comme la récompense des services importans rendus aux arts, aux sciences, à la patrie et à l'humanité. Ces motifs d'accord avec toute justice, exigent que ses membres soient dotés d'émolumens suffisans, pour leur assigner un rang honorable dans l'ordre social, portés par exemple à une somme double de ceux affectés aux membres de la chambre d'investigation.

Le besoin de ne traduire que les véritables rapports des membres d'une même association ou des associations entre elles, a contraint la classe productrice à déléguer l'exercice du pouvoir, à deux portions différentes de la classe régulatrice, dont l'une, la chambre d'investigation, n'eut d'autre objet que de signaler l'existence de ces rapports, et dont l'autre, celle de révision, eut pour fonction d'en constater le bon ou le mauvais aloi. Telle est la garantie de science et de la vérité, mais elle ne suffit pas, il faut encore celle de la vertu. Nous avons dit qu'il était du propre de la faiblesse et de l'imperfection humaines, de ne prendre que trop souvent la place de la chose, et de substituer ses propres intérêts à ceux d'autrui : la créature au Créateur. Aussi la condition de la classe productrice, pour prévenir une telle usurpation, l'a-t-elle contrainte à séparer la classe régulatrice, en une troisième portion qui eût pour objet, de rendre obligatoire les rapports signalés par les deux premières, nos plus légigimes relations, la véritable traduction du besoin de la majorité. Cette troisième chambre ou pouvoir porte de ses fonctions, le nom de pouvoir exécutif. Il ne peut, par la nature de son institution, s'occuper de l'investigation de nos besoins, soit au dedans, soit au dehors, principalement de la paix et de la guerre ; de crainte qu'il n'y substituât ses propres intérêts. La recherche de nos rapports est destinée à la seule chambre d'investigation : la chambre de révision elle-même ne pouvant avoir pour objet que de les contrôler, de les admettre ou de les rejeter, selon qu'ils sont l'expression de la vérité ou de l'erreur. Toute autre disposition de l'action de la classe régulatrice, ne paraîtrait pas conforme aux motifs qui l'ont fait établir, ne serait point l'expression des besoins de la grande majorité, ne serait qu'un coupable sophisme, un criminel système de spoliation et un véritable moyen de brigandage. Honte et mépris, improbation éternelle à tous les hommes qui seraient assez pervers pour l'édifier ou assez lâches pour le souffrir ; il n'existe, à témoins les dieux, qu'un seul gouvernement propre à l'humanité : c'est l'application de la justice à son administration publique. La division des gouvernemens en républicain, aristocratique et monarchique, conséquence et fruit coupable de l'ignorance, n'exprime que de spécialités d'action de gouvernement et non de natures de gouvernement différentes ; trois modes divers de l'action régulatrice et non trois actions distinctes ; et la plus odieuse perversion pourrait seule s'en étayer, pour empêcher l'espèce de jouir de toute la plénitude de son existence. Je soumets ces vérités aux méditations des âmes ardentes, brûlant de l'amour sacré de la patrie, à tous les hommes doués de quelques sentimens généreux; et je lègue leur réfutation aux abjects partisans du crime et du servage, et aux vils suppôts du lâche despotisme.

La portion exécutive de la classe régulatrice doit-elle être composée d'un nombre déterminé de délégués ou d'un seul ? Ici les mêmes principes doivent encore déterminer cette question. Il est dans la nature humaine que celui qui travaille pour lui-même, travaille avec plus d'intérêt et de zèle, que lorsqu'il doit partager le fruit de ses labeurs avec un certain nombre de ses semblables. Aussi la délégation du pouvoir exécutif à un seul, sera toujours une expression plus légitime des besoins de l'espèce, que la délégation qui en serait faite à plusieurs; la science, quoique toujours d'une grande utilité, étant ici moins nécessaire qu'à l'exercice des deux autres pouvoirs, ne peut être par elle-même en opposition avec la traduction de ces besoins.

Partout les premières nécessités de notre nature se manifestent, partout chacune d'elles se montre plus ou moins pressante. Parmi ces dernières se fait remarquer celle de l'âge où les membres du pouvoir exécutif peuvent entrer en exercice. La science et la vertu, toujours indispensables en toutes choses, sont encore ici d'une moindre urgence qu'ailleurs par la nature même de l'action assignée à ce pouvoir, et par d'autres motifs non moins importans dont nous ferons ultérieurement l'exposition, et qui permettent aux délégués de la classe élaboratrice au pouvoir exécutif, d'entrer en exercice de la puissance, à un âge moins avancé que celui exigé pour les membres des deux chambres, mais qui ne peut être cependant au-dessous de l'âge de trente ans ; pour être en rapport convenable avec toute l'étendue du pouvoir qu'il est appelé à exercer, et avec la gravité nécessaire à une aussi grande action publique.

Si le besoin du repos pour vaquer au travail, a forcé la classe productrice à concéder à vie l'exercice de la puissance à la chambre de révision, à plus forte raison doit-il l'obliger à faire une concession semblable au pouvoir exécutif. Dans la délégation du pouvoir à vie faite à la chambre de révision, le besoin du repos était celui qu'il fallait principalement traduire. Ici, c'est plus spécialement le besoin du repos et de la protection du produit du travail, qui, entre autres besoins, doivent être pris en considération ; aussi la concession du pouvoir à vie n'est-elle pas suffisante, et la délégation, à titre héréditaire, est-elle indispensable. Quel que fût le mode de remplacement du pouvoir exécutif, son moindre inconvénient serait toujours d'exiger, de la classe productrice, un temps que réclament ses occupations, et de l'exposer ensuite, par l'imperfection de notre nature, à user de ses facultés d'une manière qui, n'étant pas toujours la plus légitime, loin de protéger le repos et le produit du tra-

vail , pourrait violemment compromettre la
sûreté de l'un et de l'autre.

La classe productrice en concédant le pouvoir exécutif à titre héréditaire , à un seul
membre de la classe régulatrice , peut avoir
représenté convenablement le besoin du repos;
mais elle est loin d'avoir traduit aussi complètement le besoin de la protection du travail,
de même que celui de la vertu et de la science.
Le pouvoir exécutif, par la somme de puissance
que réclame l'exercice de ses fonctions, et par
l'imperfection de notre nature qui nous porte
constamment à substituer nos propres intérêts
à ceux d'autrui, aurait bientôt absorbé toute
l'existence de la classe élaboratrice , si la garantie de la vertu ne venait limiter son étendue. Le besoin de cette garantie doit cependant être représenté de telle sorte , que sa
traduction ne puisse pas compromettre la protection réclamée par le repos et le produit du
travail. C'est pour cette raison que l'action du
chef du pouvoir exécutif ne peut être contenue
complètement que d'une manière indirecte ,
dans la personne de ses premiers agens ; de
telle façon qu'il reste impassible , inviolable
dans toute l'étendue de l'exercice de sa puissance, en rendant passible de la répression que
ses actes peuvent encourir , ceux de ses mi-

nistres qui lui en donnent les conseils , et en contre-signent la publication.

L'ordre social ne saurait prendre du développement et de l'extension , sans que le besoin qui en a été le premier générateur , ne servît de base et de moyen législateur à tous ses modes. La nécessité de la protection du produit du travail, et celle de la garantie de la science et de la vertu , dans les agens secondaires des pouvoirs , exigeraient qu'ils fussent les délégués directs de la classe productrice. Néanmoins cette classe ne pourrait pourvoir à leur nomination, ni à leur remplacement continuel , sans sacrifier le repos nécessaire à s'assurer les moyens d'existence ; aussi , quelque impérieux que soit ce besoin, une nécessité non moins impérieuse la contraint à concéder encore, au chef du pouvoir exécutif, l'exercice de cette partie de sa puissance. Mais, si le besoin du repos lui fait déléguer ce droit , celui de la protection du produit du travail ne lui permet de faire une telle concession, qu'à condition que les choix seront faits selon le plus légitime emploi des facultés , et qu'une fois déterminés, les individus qui en auront été le sujet, seront inamovibles et responsables seulement devant la règle, la loi, la morale, etc., à toute autre condition , la classe productrice ne peut faire cette concession, sans s'exposer à perdre la garantie du produit de son travail, ainsi que celle de son repos ; et le chef du pouvoir exécutif, ne peut la désirer sans montrer l'intention de substituer son propre moi au moi public, le sordide égoïsme au triomphe de l'intérêt de tous, de la religion et de la morale.

La classe productrice ne déléguant une partie de sa puissance, que pour se ménager le temps de vaquer à son travail et s'en faire garantir le fruit, ne peut charger de ce soin la classe régulatrice, sans lui donner en échange des émolumens corrélatifs à la somme de peine et de capacité nécessaires, pour qu'elle puisse s'en acquitter selon la règle et le plus légitime emploi des facultés. Nous avons déjà vu les indemnités qu'elle a accordées aux membres de la chambre d'investigation et d'appel ; les émolumens du chef suprême du pouvoir exécutif, doivent être également corrélatifs au rang qu'il occupe dans l'ordre social, afin qu'il puisse honorablement donner le mouvement et la vie autour de lui ; mais cependant sans aucune espèce de superflu. Ces émolumens, de même que ceux assignés aux deux autres pouvoirs, ne peuvent être que généralement déterminés. La nature du sol et le degré de civilisation de ses

habitans, peuvent seuls fournir les données nécessaires à les fixer avec l'équité convenable ; les
indemnités les plus considérables accordées aux
autres fonctionnaires publics, ne devraient jamais dépasser celles allouées aux grandes notabilités composant la chambre d'appel. Ac-
corder au chef du pouvoir exécutif et aux fonctionnaires supérieurs les moyens nécessaires,
pour ce qu'on appelle vulgairement représen-
ter, afin d'en imposer au peuple et de gouverner avec plus de sûreté, est une des plus fatales
erreurs politiques ; un outrage à la religion et à
la morale dont elles ne sauraient assez rougir ;
une abnégation de toute pudeur de la part de
ceux qui sont préposés pour être des modèles
de sagesse et de vertu , dont la dernière fin est
de tromper le peuple pour le spolier avec impunité et constituer la légalité dans le crime.
Que ceux qui se bercent de telles espérances se
désabusent , leur attente n'est point remplie ,
leur faste pompeux produit un effet tout con-
traire ; loin d'attirer le respect et de commander l'admiration des peuples, ils n'en obtien-
nent que la réprobation et un juste mépris ;
et nul en fixant le coupable étalage de leur luxe
insolent , ne peut s'empêcher d'y voir l'usurpation du denier de la veuve , et la cause des lar-
mes de l'orphelin. Les dotations aux fonction-

naires publics, dépassant les moyens de satisfaire honorablement aux besoins qu'exige leur
hiérarchie politique, n'est donc point un moyen
rémunérateur pour l'association; bien plus, il
en sape les fondemens, en enlevant à la classe
productrice, les moyens d'étendre son action
sur les matériaux du travail; et il devient une
puissante cause de destruction et de dissociation, en donnant au concours des forces, base
de toute durable union, un résultat tout opposé
à celui qu'il est destiné à produire.

Dès que la classe productrice a assigné à la
classe régulatrice, l'action générale qu'elle doit
exercer sur toute l'étendue de l'association, elle
doit en déterminer les modes particuliers. La
chose lui est d'autant plus facile qu'ils doivent
être des déductions et des formes de l'action
générale, corrélatives aux grandes et petites divisions du sol; ainsi la partie électorale de la
classe productrice, déléguera dans les grandes
portions du territoire et dans les portions sub-
séquentes, l'investigation des rapports à trois
ou à cinq membres de la classe régulatrice, et
leur application à un sixième destiné par leurs
fonctions à remplacer, pour ces différentes divisions du sol, l'action ci-dessus exercée sur
toute son étendue par les deux chambres et le
chef du pouvoir exécutif; à y correspondre par

l'intermédiaire de ce dernier, et à continuer ainsi la chaîne de l'unité jusques aux dernières divisions, où pareille action doit être également reproduite ; ce qui constituerait, ce qu'on appelle en France, administration départementale et communale, et remplacerait l'action exercée par les préfets et les maires.

Les rapports que les hommes ont les uns avec les autres, et dont la plus légitime expression constitue les lois qui doivent les régir, sont conséquemment, d'après ce que nous venons de dire, comme toutes les autres actions de la nature. Dès que leur principe générateur est une fois positivement et clairement déterminé, leur application devient simple et facile, il s'agit alors seulement de suivre avec soin l'identité, selon les diverses formes sous lesquelles elle se cache dans les modes qu'elle est forcée de prendre, par l'extension dont elle est susceptible, et d'en faire ensuite un emploi logique, conforme à sa nature et aux diverses parties du sujet, auxquelles elle sert de base et de moyen de distribution.

La classe industrielle après avoir, conformément à l'expression de ses plus légitimes besoins, séparé en trois ordres distincts la classe régulatrice, a surmonté les plus grandes difficultés. Elle a concédé à la seule chambre d'investigation, l'initiative de là recherche de ses plus légitimes rapports, soit avec elle-même, soit avec les autres associations, c'est-à-dire la législation intérieure et extérieure, la législation ordinaire ainsi que la diplomatie, les relations de paix et de guerre. Elle a chargé la chambre de révision, de peser dans sa sagesse, si le résultat de ces travaux étaient conformes ou non à la nature de leur objet, à la traduction des besoins et des rapports de la majorité. Enfin elle a légué au chef du pouvoir exécutif, la tâche d'en faire l'application, la suprématie de l'action administrative et judiciaire.

Ainsi le mode général le plus légitime de toute association, est la conséquence de notre condition ; dépendant, par son origine, des besoins que nous éprouvons de résister à l'action destructrice des objets extérieurs à la faim et à la soif, des moyens que la nature nous a donnés pour les satisfaire, du plus légitime emploi de ces moyens, et des facultés dont elle nous a doués pour en juger; il peut d'autant moins changer de condition, dans toutes les diverses formes de son extension, qu'il a pour terme nécessaire, de ne former de toutes les associations qu'une association unique, et de l'ensemble des efforts de tous les peuples, qu'une grande conjuration ; un immense le-

vier destiné a agir sur les objets extérieurs,
pour assurer à l'humanité la plus grande somme
de bonheur et de longévité, qu'elle puisse déduire de sa nature, et qu'il lui soit permis d'espérer de posséder un jour.

Nous nous sommes convaincus, en suivant
l'extension successive des rapports primitifs de
l'espèce, que les diverses associations qui la
composaient, ne pouvaient parvenir à un certain état de développement, sans déléguer une
portion de leur puissance, à une partie des
membres de chacune d'entre elles, destinée à
légitimer l'action qu'elles pouvaient exercer
sur elles-mêmes, les unes sur les autres, et sur
les objets extérieurs. Nous avons en ce moment
examiné les deux premières de ces actions :
l'action administrative, judiciaire, et la diplomatie ainsi que l'action de garantie génératrice de leur mode d'existence, et qui, sous
ce rapport, constitue le Code fondamental. Il
nous reste maintenant à considérer la puissance
déléguée par la classe productrice à la classe
régulatrice, pour l'investigation de nos plus
légitimes rapports avec les objets ambians,
c'est-à-dire, pour la communication et l'extension de nos connaissances. La première,
seule de ces actions, a fait partie jusqu'à présent, quoique fort imparfaitement, de l'admi-

nistration publique, mais jamais la dernière;
malgré qu'elle soit la plus importante des deux,
puisqu'elle est destinée à fournir continuellement à l'activité de la classe productrice, des
matériaux à ouvrer pour apaiser nos besoins.
Deux causes semblent rendre raison de ce fait;
d'abord c'est que le plus légitime mode de
développement de l'ordre social n'a pu être
encore assez déterminé pour qu'il fût possible d'assigner à cette action la place qu'elle
doit y occuper d'après sa nature et son degré
d'utilité; ensuite c'est que la garantie du
plus légitime emploi de nos facultés, dans
l'extension de notre action sur les objets extérieurs, étant pour la classe productrice un besoin moins urgent que celle des rapports les
plus naturels entre nous, ou avec les autres
associations, elle a pu la négliger ou y suppléer plus ou moins, quoique imparfaitement,
en s'occupant elle-même de l'extension du milieu ambiant.

Tant que la classe productrice n'a eu à réclamer que la garantie de ses rapports naturels avec elle-même, ou avec les autres associations, elle a pu agir avec connaissance de
cause, en déléguant sa puissance à la classe
régulatrice; mais lorsqu'il s'est agi de trans-
missions de notions, de rapports déterminés,

et d'extension de nos relations avec les objets extérieurs, il en a été autrement. Ici elle s'est trouvée moins compétente pour concéder sa puissance avec sagesse. Aussi est-il conforme à la condition la plus naturelle de l'espèce, que la portion de la classe régulatrice destinée, soit à la communication des connaissances, ou bien à l'extension de nos rapports avec les objets extérieurs, nomme elle-même ses propres membres par la voie du concours. La classe productrice, ne pouvant lui assigner, au moyen encore de la chambre d'investigation, que le plus légitime mode d'existence, et des émolumens proportionnés aux services qu'elle a droit d'en attendre, dont l'objet a pour fin de la mettre en rapport avec la nature entière, en signalant à son activité les localités des matériaux de ses besoins, les lieux de leur importation et de leur exportation ; les actions dont ils sont passibles, et les produits nouveaux qui peuvent en être les résultats.

La portion de la classe régulatrice, chargée de la communication de nos connaissances et de leur extension, sera toujours la branche la plus indépendante de l'administration, tant parce que la classe industrielle ne peut lui déléguer qu'indirectement la puissance, et ne peut conséquemment en nommer les membres,

que par la raison qu'en cas d'abus, de négli-
gence ou de malversation, elle ne se trouve jamais lésée que dans l'extension des moyens de
pourvoir à ses besoins. Ce qui ne peut réclamer
de sa part les mêmes garanties qu'elle exige
des autres actions régulatrices, et fait qu'elle
doit se borner au seul moyen dont elle peut
en ce cas disposer : savoir, à retenir ou à concéder les émolumens convenus, selon que les
engagemens contractés ont été remplis ou
violés.

Le besoin du repos que réclame le travail, et
l'excessive extension des formes de l'association,
obligent encore la classe industrielle à déléguer
à la chambre d'investigation, nonobstant la
recherche de nos diverses relations, la puissance d'assigner à l'action exécutive, les émolumens dus aux fonctions qu'elle est chargée de
remplir. D'après la plus légitime traduction de
nos besoins, et l'imperfection humaine qui
marchent toujours concurremment ensemble,
cette indemnité ne peut point être concédée en
masse par la chambre d'investigation, mais
une fois pour toutes allouée en détail, afin
d'avoir, pour les temps opportuns, des données certaines pour prévenir les emplois illégitimes que pourrait en faire la puissance exécutive, et rester ainsi toujours dans l'ordre,

et conséquens autant que possible , à notre primitive condition.

Nous avons eu soin de faire remarquer, dans tout le développement de l'action sociale, que la classe productrice ne pouvait sans compromettre son existence, se dispenser de poser elle-même les conditions de tous les contrats , d'en surveiller l'exécution et de s'en assurer la garantie, par tous les moyens que sa condition pouvait mettre à sa disposition. Aussi a-t-elle procédé partout la balance à la main , partout l'on voit d'une part besoin de repos, pour vaquer au travail, et de protection au produit qui en est le résultat; et de l'autre concession corrélative de puissance , indemnité et réserve respective. Dans tous les modes d'extension de l'ordre social, ces deux élémens de toute condition doivent être nécessairement en présence , afin qu'il n'y ait point d'hiatus et de sujet de détérioration dans le système ; et que la règle , la morale , la religion triomphent entièrement, sans quoi une infraction en amenant une autre, tout l'édifice s'écroulerait bientôt.

A force de constance de raison et de pénibles sollicitudes , la classe industrielle est parvenue à faire passer dans le mode d'existence de la classe régulatrice , une grande partie des garanties que lui donnait l'insurrection ; et à con-

vertir de la sorte en moyens conservateurs,
toutes les chances de destruction qui en sont inséparables. Nous avons vu successivement le besoin du travail dérivé de la nécessité de résister aux effets destructeurs des objets ambians,
donner lieu d'abord à la première action sociale générale ; réuni ensuite au besoin de la
protection du produit de cette action, devenir
le générateur des deux actions principales sub-
séquentes, de l'action régulatrice et de l'action de garantie. La première ayant pour objet
de soustraire le produit du travail aux déprédations de quelques membres de la classe industrielle, et la seconde de le soustraire aux malversations de la classe régulatrice elle-même ;
l'une constituant l'action administrative, judiciaire et la diplomatie confiée aux soins de cette
dernière classe, et l'autre donnant lieu à l'action de garantie et à ses diverses formes, inhé-
rente à la classe productrice, dont elle ne peut
conséquemment se départir ; et qui par les sui-
tes naturelles de la plus grande sagesse, est
devenue entre ses mains un boulevard passif,
mais sûr, contre le dévergondage des gouvernans, boulevard d'autant plus important qu'il
prévient leurs crimes, en paralysant jusque
dans leur source, les effets de la volonté qui en
seraient les instrumens.

C'est pour arriver à ce grand résultat, que la classe industrielle s'est efforcée de déduire les diverses formes de l'action de garantie, le mode d'exercice de la souveraineté du peuple, des moyens capables d'assurer l'emploi de la science, et la pratique des vertus dans tous les actes de la puissance; et de les faire dériver, sous ce rapport de l'ordre des choses où peuvent se trouver placés ses mandataires : du degré de leur fortune, de leur âge, de la durée de leur délégation, de la séparation, en plusieurs branches, de l'exercice de la puissance, du pouvoir fictif du chef de l'action exécutive, du pouvoir réel de ses premiers agens, et enfin de l'inamovibilité de tous les autres fonctionnaires restés passibles de la seule action de la loi. Tant que ces moyens occuperont la place que leur condition leur assigne, et que leur jeu ne sera point faussé ou leur liberté enchaînée, nulle grave détérioration ne sera jamais à craindre dans les points cardinaux de l'ordre social, ils resteront constamment stables. Cependant quel que soit leur degré de perfection, ils ne peuvent être exempts de toute influence de fragilité humaine; aussi ont-ils besoin d'être secondés dans leurs résultats, comme tous les autres moyens traducteurs de nos besoins, par une dernière action qui est le complément de toutes les autres, puisqu'elle est destinée par sa nature, à être dans un état permanent d'hostilité, contre toutes les faiblesses que notre condition peut importer dans l'association; et susceptible par ses effets, quoique insensibles, d'avoir néanmoins de conséquences tellement grandes qu'elle est capable par ses efforts seuls, de traduire tous les avantages de l'insurrection, sans en avoir jamais les inconvéniens. Cette action est l'ascendant de l'opinion publique, soit par sa propre évidence soit par sa manifestation, au moyen de la presse ordinaire ou périodique. Vaquer au travail et en défendre le produit par la forme du Code fondamental et la liberté de la presse, sont des actes dont la classe productrice ne peut pas plus se désister que de vouloir son bien et sa conservation. Aussi toute restriction de l'action de ce Code ou toute compression de cette liberté, sont-elles l'expression de la plus profonde ignorance de toute véritable législation, ou le signal de la plus audacieuse perversion des gouvernans, et un attentat général contre toutes les personnes et toutes les propriétés, tel qu'il ne reste plus de moyen de salut pour la classe productrice que dans l'insurrection, toujours fâcheuse parce que souvent elle manque son but, et que lors même qu'elle l'atteint, ce n'est jamais qu'après les chances des plus grands malheurs

La loi de l'insurrection est aux forfaits des gouvernans, ce que la loi de la peine capitale est aux forfaits des particuliers; elles sont l'une et l'autre pour la classe industrielle une seule et même chose. Si le sujet de sa réaction dans ces deux cas se trouve différent, le fond n'en est pas moins identique. L'on ne peut pas plus abolir la loi de la peine de mort dans un état quelconque, que l'on ne peut abolir celle de l'insurrection. Le droit est le même dans les deux circonstances : la nécessité de résister aux agens destructeurs, par tout ce qui est capable de nous prémunir contre eux. Dès lors jusqu'à ce qu'on puisse remplacer dans l'action publique, les effets de l'insurrection et de la peine capitale, elles seront toujours aussi nécessaires que le sont tous les autres moyens propres à nous garantir des causes malfaisantes ; vouloir abolir auparavant la peine de mort, est s'exposer à être homicide avec la plus louable philanthropie. Nous ne créons pas nos rapports, nous pouvons seulement les reconnaître ; nous signalons l'existence des lois, mais nous ne les faisons pas ; nous pouvons traduire la nature et lui donner de l'extension, mais nous ne pouvons pas la régler. Aussi la peine de mort sera-t-elle toujours indispensable, jusque à ce que l'extension de la civilisation la fasse tomber en dé-

5*

suétude comme inutile ; alors seulement on pourra l'abolir, en proclamant que par le fait elle n'est plus nécessaire, puisqu'il n'est plus besoin d'y recourir : jusques à ce moment il sera toujours de l'intérêt de l'ordre public et de la morale même de ne point agiter de semblables questions.

Telle est l'action sociale et le développement progressif dont elle est susceptible. Elle commence à la rencontre naturelle des deux premiers hommes, a pour base leurs besoins communs et les plus légitimes moyens de les satisfaire. Il est de son essence de s'étendre successivement, et de réunir en une association immense, depuis les deux premiers individus de l'espèce jusqu'à la masse entière de tous les peuples. Ses moyens de développement sont toujours les mêmes, et l'accompagnent dans tous les modes et toutes les formes de son extension ; ils ont pour principe le plus grand intérêt de la majorité, et pour fin la plus longue durée de la vie, et la plus grande somme de bonheur commun. Rien ne peut arrêter ce développement d'action de l'espèce humaine, conséquence de sa plus intime nature, et de ses facultés physiques et morales, ainsi que de l'ordre de choses où elle se trouve placée, elle y obéira sans cesse comme les graves obéissent à l'action centrale de la terre ; comme les fleuves cèdent aux effets de leur pente naturelle ; elle y obéira enfin sans que jamais rien ne puisse l'en détourner , tant que les lois immuables qui régissent l'univers , l'ensemble des mondes, resteront conséquentes à elles-mêmes, et ne seront point changées.

CHAPITRE TROISIÈME.

De la certitude du Code fondamental déduit de nos premiers besoins.

La certitude est la perception de la vérité dans l'existence ; la plus grande connaissance, la notion la plus complète du monde extérieur et de nous-mêmes, à laquelle notre condition puisse nous permettre de nous élever. C'est la perception de l'action que les objets extérieurs font sur nous et de celle qu'ils font les uns sur les autres ; de leur existence et de leur mode d'existence ; de leurs rapports d'opposition et de déduction avec nous, et de leurs rapports d'opposition et de déduction entre eux. Les rapports des objets sont les effets de leur condition, les conséquences de leur mode d'être, leur similitude et leur dissimilitude, et les perceptions que nous en avons. La vérité est la connaissance de l'état naturel des choses, de leurs rapports d'opposition et de déduction, ou mieux encore ces états et ces rapports eux-mêmes. Ces états et ces rapports sont tous naturels ; mais il en est certains parmi eux d'où dérivent tous les autres, qui, sans être plus naturels, sont cependant plus parfaits, et dont la connaissance pour ce motif, nous est plus importante, comme étant les seuls propres à nous donner l'idée de la condition normale des êtres. L'identité est la perception des rapports d'entière similitude ; elle est la norme des existences certaines, et sert à l'estimation de leurs relations. L'analogie est un état imparfait d'identité, et l'hypothèse en est le premier rudiment comme résultat d'un rapport quelconque.

La certitude est une, et n'est point susceptible de degrés, quoi qu'en disent les idéologistes et les métaphysiciens qui ont pris pour degrés, par la plus grande erreur, les divers sujets de son application. Elle a pour but la génération de nos connaissances, leur généralisation et leur spécialisation. Elle embrasse conséquemment les divers objets de notre imagination, ceux de la nature, nos propres actions ainsi que celles de nos semblables ; de là, sa division en certitude métaphysique, physique et morale. La première espèce seule mérite le nom de certitude. Elle est telle que, déduite de l'essence même des choses, rien ne peut l'infirmer. Les objets dont elle s'occupe étant notre propre ouvrage, nous sont complètement connus ; résultat de la conscience, se contemplant elle-même dans ses propres opérations, elle est corrélative à la généralisation de nos connaissances, et s'applique à la généralisation de leur mode de génération, ou à la généralisation de ces connaissances elles-mêmes. Comme ayant pour objet leur mode de génération, elle est distinguée d'après sa manière de procéder en certitude d'opposition et de déduction ; considérée sous le rapport de la génération des autres idées générales, elle embrasse la métaphysique ordinaire proprement dite. Il ne nous est pas donné de parvenir à la connaissance du monde extérieur comme à celle de notre propre sentiment. Par cette raison seule, les perceptions des vérités physiques et morales, ne seront jamais pour nous, aussi complètes que celles des vérités métaphysiques. Cependant, corrélatives à l'état présent de développement de nos facultés, elles sont appelées par leur nature, à les approcher jusqu'au point d'entrer dans leur domaine, sans toutefois jamais y parvenir. Si la certitude métaphysique est renfermée dans la sphère de la pensée, les certitudes physique et morale nous obligent d'en sortir, ayant pour sujet le contrôle de tout ce qui nous environne. La certitude physique est la perception du monde extérieur, et des rapports naturels d'où dérivent les lois qui servent à le régir, lesquelles ne peuvent être changées sans une subversion totale de l'ordre actuellement établi. La certitude morale est la connaissance des choses humaines, et des relations générales de l'espèce, base irréfutable des lois destinées à régler l'ordre social. La somme des perceptions des objets, auxquelles s'applique cette certitude, est encore bien moins grande que celle de ceux faisant partie du domaine de la certitude physique. Elle tend toutefois continuellement à s'en approcher, comme celle-ci tend à son tour à se confondre avec la certitude métaphysique.

Nous ne sommes doués que de cinq sens, et comme tels, nous ne sommes capables que de cinq sentimens primitifs, de cinq idées, de cinq connaissances principales, et d'un sixième sentiment, idée, etc., qui en sont l'abstraction, la généralisation. Ces cinq sentimens, idées, ou connaissances, ne sont susceptibles que d'opposition et de modes divers ; de là, nos sentimens primitifs, nos idées, nos connaissances principales et nos sentimens déduits, nos idées, nos connaissances dérivées ; les idées générales d'opposition et de déduction, et les idées générales ordinaires opposées ou déduites,

ainsi que leur certitude métaphysique corrélative. Des certitudes d'opposition et de déduction, émanent toutes les autres certitudes :
métaphysiques , physiques ou morales. Résultat de notre condition et de nos rapports
avec le monde extérieur, les certitudes d'opposition et de déduction sont certaines comme
étant idées générales par leur essence, comme
l'étant également par leur objet : ayant pour
fin de nous faire percevoir toutes les relations
des existences , et de nous faire acquérir de la
sorte toutes les notions que nous sommes susceptibles d'en avoir. Elles sont conséquemment
l'instrument générateur de toutes nos connaissances ; le sceau qui les véridifie , en s'appli-
quant aux seuls rapports naturels des choses ,
devant qui le moi et le non-moi sont justiciables
de leur condition, et qui, en nous signalant la
double perception isolatrice de leur essence
respective, nous montre la barrière insurmontable , destinée à séparer éternellement la certitude métaphysique des certitudes physique
et morale. L'une de ces deux certitudes, celle
d'opposition , nous fait connaître la présence
du monde extérieur, la certitude de déduction
nous rend capable de l'ouvrer à notre avantage.
Par l'essence, en quelque sorte magique, de
cette dernière , l'homme fièrement assis au

rang des dieux, en partage la puissance; leur pouvoir est le même, celui des dieux a seulement plus d'extension ; comme les dieux, l'homme peut associer et dissocier les existences, et donner à son gré la vie ou la mort. Comme l'homme, les dieux, ne peuvent rien créer, les élémens, étant également réfractaires à leurs attributs corrélatifs. Nous devenons donc capables en percevant la vérité, de connaître la nature, de l'étendre ou de la restreindre, mais il ne nous est pas donné d'en sortir. La certitude d'opposition nous donne le moyen de parvenir jusqu'à elle, la certitude de déduction nous permet de la modifier conformément à notre condition. Ces deux certitudes se suivent partout ; la première précède toujours la seconde ; elles président à la formation de tous nos ouvrages ; elles sont la certitude par excellence. Essentiellement vraies par elles-mêmes comme abstraction, généralisation, elles communiquent leur nature aux objets auxquels leur sujet s'applique, selon qu'ils en sont plus ou moins passibles; de sorte que pour parvenir à la connaissance d'une chose quelconque, il suffit de s'élever à sa certitude d'opposition et de déduction, de signaler son existence et ses rapports, afin de pouvoir, par leur moyen, l'étendre ou la restreindre selon que le réclament nos divers besoins. Ainsi, pour donner au système social, tel que nous venons de l'exposer, toute la certitude que l'on peut attendre d'une action humaine, il s'agit seulement d'examiner celle qu'il peut retirer de sa propre nature, d'établir sa certitude d'opposition et de déduction : la vérité dans son existence et dans celle de ses modes, et de déterminer à ce sujet, ce que c'est qu'action, effets et rapports d'action ; en quoi consiste la vérité d'une action, et quelles en sont les conséquences dans l'action sociale.

L'idée d'action se confond avec celle de vie, celle de vie avec celle de mouvement, celle de mouvement avec celle de changement d'état, de modification, celle-ci avec celle de mémoire qui rappelle ces changemens, et se confond à son tour avec celle d'existence spéciale, puis avec celle d'existence générale qui est toujours la première à pénétrer dans le domaine de notre sentiment, à laquelle il s'élève par la perception de la passion et de la réaction dont il est susceptible ; notre condition nous permettant de concevoir le monde extérieur, d'après les idées que nous nous formons de nous-mêmes. Les actions que les objets ambians font sur nous sont de deux sortes : ou elles nous avertissent seulement de leur présence, ou bien elles nous donnent connaissance de leur présence, et en même temps de l'action qu'ils font entre eux ; et nous signalent ainsi leur existence et leur mode d'existence. Les rapports de ces actions n'ont rien de particulier ; ils sont le résultat de leurs modes divers, de leur similitude ou de leur différence, et nous font connaître leur identité ou leur opposition, ou bien encore ils nous traduisent la dépendance de leurs parties.

La vérité dans les actions n'a également rien de remarquable, elle consiste dans les rapports qu'elles ont entre elles, et dans ceux de leurs élémens d'où dérivent principalement l'état le plus parfait dont elles soient susceptibles, le plus grand effet qu'elles puissent déterminer dans le même espace de temps ; ou bien la production d'un même résultat dans une durée moindre, ce qui est absolument semblable ; puisque l'économie du temps augmente d'autant plus les effets d'une action quelconque, qu'elle lui permet de se renouveler plus souvent. Voilà aussi pourquoi toute existence étant obligée, d'après les lois invariables de la nature, d'établir des relations avec tous les objets qui l'environnent pour leur résister avec plus d'avantage, accroît d'autant plus sa puissance qu'elle peut reproduire plus souvent ses actes d'ordonnation.

L'action sociale réduite à ses élémens les plus simples consiste, ainsi que nous l'avons dit, dans le concours des forces appliquées à trois objets différens : à obtenir pour apaiser nos besoins, un plus grand produit par les mêmes moyens, à en faire la plus légitime répartition et à le garantir contre l'astuce ou la violence. Elle est absolument renfermée dans ces trois actes élémentaires comme tous les mots d'une langue quelconque dans les lettres de son alphabet. De même que toute autre action elle est plus ou moins susceptible de perfection, de science et de sagesse, d'être régularisée par elles et considérablement agrandie. Aussi lorsqu'elle est ce qu'elle doit être, est-elle la fidèle expression de l'ordre et de la vérité, conséquemment du plus légitime besoin de tous les hommes. Il suffit pour démontrer ces faits d'exposer quel est son mode d'existence lorsqu'elle dérive de l'application de la sagesse à sa génération, de signaler son identité législatrice et de s'en servir pour légitimer la construction de tout l'édifice, fixer son opposition avec les autres actions et les relations de ses différentes parties entr'elles, afin d'exclure par là d'avance tout sujet de réplique et de réfutation.

L'action sociale a pour base, comme nous venons de le rappeler, le besoin et l'action deve-

nue plus considérable, par le concours des forces que la somme de leurs effets agissant chacune
à l'état d'isolement; elle est conséquemment
une action morale traduisant une action physique, d'autant plus susceptible d'en acquérir la
certitude que le développement de nos facultés
tend davantage à nous faire connaître l'identité de leur nature. Elle est donc la vérité, elle
serait plus encore si cela pouvait être, comme
passible d'une double certitude; puisque dépendant du besoin de nous mettre en rapport
avec le monde extérieur et de la nécessité, de
nous ordonner avec lui par le plus légime concours des forces, nous pouvons, à l'aide du pa-
rallélisme de ces deux identités, en prévoir et
en modifier également les résulats dans l'une
et l'autre circonstance, unique sceau de toute
véritable certitude.

De la nécessité du plus légitime concours des
forces pour résister aux agens extérieurs, en
obtenant le plus grand produit du travail, dérive le besoin où se trouve la masse, de confier
à une partie de ses membres, l'investigation
de ses plus légitimes rapports, et celui de
se réserver pour elle-même l'élaboration des
objets extérieurs, et la garantie convenable
pour s'assurer l'exécution religieuse de la tâche
qu'elle est obligée de conférer. La nécessité où

se trouve la masse de réagir sur les objets ambians constitue son premier besoin ; celle de
concéder sa puissance constitue le second ; et
l'obligation d'en surveiller l'exercice donne
lieu au troisième. Le concours des forces satisfait respectivement au premier et au troisième
de ces besoins, par les actes que se réserve la
masse, de même qu'il satisfait au second par la
puissance qu'elle délègue. Ainsi nous voyons
comment l'application de la religion et de la
sagesse, ou du plus légitime emploi de nos facultés au développement de l'ordre social, donne
lieu d'abord au plus légitime concours de nos
moyens pour réagir convenablement sur les
objets environnans, ensuite à la délégation de
l'investigation de nos relations, pour établir la
division la plus équitable du produit du travail,
et enfin à la garantie la plus capable d'en assurer
l'exécution ; garantie dont la classe industrielle
ne peut pas plus se dépouiller que de ses propres facultés, de sa réaction sur le monde extérieur. Pour continuer maintenant l'exposition
du système social, il ne s'agit absolument
que d'en poursuivre le développement par les
mêmes nécessités, la certitude de déduction et
la plus grande sagesse, d'en faire l'application à
l'action de garantie et à toutes celles dont cette
action est destinée à régler l'exercice. La vérité

dans un acte quelconque de la vie, n'étant que
le plus légitime emploi de nos moyens, l'usage
de la plus grande science et de la plus grande
vertu dont nous sommes capables; son application à l'action de garantie consiste nécessairement à assurer par la triple combinaison de
la plus grande science, de la plus grande vertu
et de la plus grande économie de temps, l'emploi de la plus grande science, de la plus
grande vertu, etc., dans tous les actes que cette
action est appelée à contrôler ou à légitimer : ce
qui a pour objet d'établir que d'après sa plus
intime nature, la classe productrice, est forcée
d'user de la plus gdande sagesse, pour obliger
la classe régulatrice d'en faire usage à son tour,
dans l'exercice des fonctions qu'elle lui a con-
fiées.

C'est pour parvenir à cette fin que la classe
industrielle s'efforce d'entourer la classe régulatrice d'une atmosphère de science et de sagesse, afin de la contraindre d'en recevoir l'influence, et de les importer, en quelque sorte
malgré elle-même, dans tous les actes de la
puissance dont elle est investie. Ainsi le besoin
de la science et de la vertu lui a fait exiger certaines conditions d'âge et de fortune pour l'éligibilité des membres de la chambre d'investigation; celui de la vertu et du repos ne lui a

permis de leur déléguer l'exercice du pouvoir
que durant la période de cinq ans; enfin ce
dernier besoin et celui encore de la science lui
ont fait réclamer un renouvellement annuel qui,
laissant sans cesse une majorité en présence
des objets qui lui sont familiers, est bien plus
propre à l'investigation de nos véritables ré-
lations, et au développement insensible de la
civilisation qu'un renouvellement en masse, qui
n'expose que trop souvent à voir des majorités
appelées à décider sur la nature des choses
avec lesquelles, elles se trouvent en rapport
pour la première fois.

Le seul besoin de la science l'a obligée à séparer l'investigation de nos relations; à confier à la première chambre leur simple recherche, et à concéder à la seconde le droit de
prononcer sur leur nature. Les besoins de la
science et de la vertu l'ont contrainte ensuite,
d'exiger pour l'éligibilité des membres de cette
dernière chambre, des conditions d'âge et de fortune, analogues à celles qu'elle avait réclamées
pour ceux de la chambre d'investigation, et à
repousser leur hérédité comme l'ostracisme de
la sagesse et des talens, en même temps que le
besoin du repos l'a forcée d'abandonner à vie
l'exercice de la puissance.

Le besoin seul de la vertu avec bien plus

d'urgence et de raison que dans aucun des cas précédens, a fait séparer par la classe industrielle l'investigation de nos rapports de leur application ; exiger l'individualité du pouvoir exécutif ; lui concéder l'inviolabilité et la compenser par la responsabilité de ses premiers agens et l'inamovibilité de tous les autres fonctionnaires. Le besoin réuni de la science, de la vertu et du repos, l'ont obligée également à ne confier l'exercice de l'autorité , au chef de ce pouvoir , qu'à l'âge de trente ans , et enfin le seul besoin du repos l'a contrainte à lui déléguer l'hérédité , et à lui abandonner même la nomination de tous les employés qui lui pouvaient être corrélatifs.

Le besoin de la vertu joint au respect humain ont obligé la masse d'exiger que, par la nature même des choses, tous les actes de la puissance qu'elle déléguait fussent proclamés en son nom. La vérité et la pudeur publique ne sauraient permettre à ce sujet aucune espèce d'usurpation. La faiblesse , l'imperfection , et sa propre condition , ont forcé encore la classe industrielle , à se réserver le soin de satisfaire elle-même à ses deux derniers besoins ; à signaler constamment et sans relâche, par l'action de la presse, toutes les erreurs de la puissance ; afin de l'engager ainsi à rentrer dans la voie de la vertu et de la sagesse, et à l'y contraindre en cas de refus ou de violence par le redoutable moyen de l'insurrection.

Tous ces besoins et tous ces moyens d'y satisfaire, ne sont que l'expression de la vérité dans notre condition et dans nos rapports. La forme de ces moyens, le mode de l'action de garantie : de la souveraineté du peuple, ne sont également que la vérité dans l'usage et l'exercice de nos relations, leur plus légitime emploi, la morale, la religion, le plus légitime moyen d'union établi par le sublime auteur de toutes choses, entre la classe industrielle et la classe régulatrice: Ainsi au milieu des reflets de la plus vive lumière, entièrement distinct et séparé de toute autre chose, s'élève et grandit l'ordre social; dérivé dans ses premiers élémens, de l'emploi de la sagesse dans le besoin de vaquer au travail, pour s'ordonner avec le monde extérieur, et de la science et de la vertu dans les moyens d'y satisfaire, il est de la sorte le fidèle tableau des vérités éternelles, et dès lors sa certitude se trouve incontestable. Tout Code qui ne serait pas, de même que les deux actions précédentes, la traduction de ces vérités, serait une grave erreur, formerait un monument d'autant plus promptement périssable, que le sophisme dont il serait infecté s'opposerait davantage au libre développement que la nature l'a destiné à prendre.

Ainsi l'initiative de la recherche de tous les rapports de l'espèce avec elle-même confiée à la première chambre, leur contrôle délégué à la seconde, et un pouvoir exécutif chargé d'en faire l'application, confié héréditairement à un chef inviolable, mais responsable par ses agens, forment la pierre angulaire de tout système social, appelé à partager les droits de la vérité à une durable existence. L'âge de quarante ans, la quinquennalité et le renouvellement par cinquième réunis à la science et à la vertu, constituent la nature de la chambre d'investigation, dont les attributs sont la recherche du plus légitime emploi de nos relations intérieures et extérieures pour les constituer en expression de rapports ou lois. L'âge de quarante-cinq ans, la délégation à vie, une plus grande somme de science et de vertu que celle qui est jugée nécessaire à la chambre d'investigation, composent la nature de la chambre d'appel qui a pour attribut de contrôler la vérité des relations signalées par la chambre d'investigation. L'individualité, l'âge de trente ans, l'hérédité, l'inviolabilité, contre-balancée par des agens responsables forment la nature du chef suprême du pouvoir exécutif, dont les attributs consistent à faire par lui et ses délégués, l'application des relations signalées par la chambre d'investigation et proclamées par la chambre d'appel.

Tels sont les trois seuls élémens légitimes de l'ordre social, distincts par leur nature et par leurs attributs jusqu'au point que les fonctions de l'un ne peuvent être transportées à l'individualité de l'autre, sans une subversion de l'ordre immuable des choses, une véritable cacophonie logique et politique : de l'initiative, par exemple, concédée aux trois pouvoirs, il en résulterait que la chambre d'appel qui est déléguée à vie pourrait impunément substituer ses besoins à ceux de la majorité, et que la chambre d'investigation appelée alors à juger en dernier ressort sur l'aloi de nos relations, n'aurait compétence ni par l'âge de ses membres, ni par la supériorité exigée à cet effet par la nature du Code fondamental. Le cas serait bien plus grave encore lorsque le chef du pouvoir exécutif serait tenté de se livrer à son tour à la recherche de nos besoins; placé dans une sphère héréditaire et inviolable, disposant des plus immenses avantages, il pourrait avec bien plus d'impunité encore et avec une bien plus fâcheuse influence, substituer son propre moi au moi public, et ses intérêts à ceux de la masse. D'où il suit que hérédité et initiative à la deuxième chambre ; initiative, droit de paix et de guerre au pouvoir exécutif, ainsi que faculté de nommer les membres de la chambre d'appel, et de destituer ses employés après en avoir fait un libre choix, seront toujours des attributs illégitimes, d'ignominieux moyens de substituer fallacieusement la créature au créateur, sans cesse dans un état permanent d'hostilité, avec la nature et les vrais intérêts des pouvoirs qui les auront envahis, comme en opposition avec la vérité, la morale et la religion. Un Code fondamental qui proclamerait les usurpations dont il s'agit, mettrait en exercice des pouvoirs fort étonnés de se trouver en présence les uns des autres ; vrais caméléons ayant des natures constantes et des attributs variables et changeans ; monstruosités morales, offrant une violation totale des lois de la nature humaine, cent fois plus hideuses que les monstruosités vitales où ces lois ne sont que suspendues ou arrêtées dans leurs développemens ; conséquence d'un défaut complet des moindres notions idéologiques, dialectiques et législatives ; fruit d'une réelle ignorance et la honte du siècle et de la civilisation, auquel on pourrait faire, sauf le respect dû au malheur des peuples l'application exacte de l'une des plus ingénieuses pensées du plus spirituel des poètes.

> Humano capiti cervicem pictor equinam
> Jungere si velit ; et varias inducere plumas,
> Undique collatis membris, ut turpiter atrum
> Desinat in piscem mulier formosa superne
> Spectatum admissi risum teneatis amici?
>
> HORAT. *Ars poet.*

Tout chef du pouvoir exécutif qui accepterait la délégation d'un code fondamental, qui ne serait pas la traduction de la vérité, le fidèle tableau des besoins de la grande majorité du peuple qui l'aurait élevé sur le pavois, s'exposerait à faire soupçonner son esprit et son cœur, à accepter sa perte en faisant usage d'un poison, à la place d'un aliment salutaire présenté à lui par l'ignorance des hommes, leur faiblesse ou leur mauvaise foi. Il en est de l'action générale de l'ordre social comme de l'action universelle du langage : et l'espèce a son code fondamental aussi bien que sa grammaire générale. Chaque peuple est essentiellement appelé à jouir de l'un et de l'autre, et à n'y apporter d'autres modifications, que celles qui sont la conséquence nécessaire de l'ordre des choses où il se trouve placé : toutes autres seraient une criminelle usurpation ; dont il éprouverait sans cesse le besoin d'appeler à l'éternelle justice, jusqu'à ce que ses vœux auraient été complètement exaucés.

Tout peuple a droit de proclamer qu'il est parvenu à l'âge adulte, lorsque son instinct ou sa raison lui font reconnaître la place qui lui est assignée, et la tâche qu'il est destiné à y remplir. Lorsque comprimé par un violent despotisme, et ne trouvant de salut que dans l'insurrection, il quitte ses travaux, brise le septre de fer qui pesait sur lui, et les reprend ensuite, content et satisfait d'avoir reconquis sa liberté, il n'éprouve d'autre sentiment que celui d'en jouir, sous la protection de lois qui soient la véritable expression de ses rapports et de ses besoins. Un tel peuple sent tous les charmes de la plénitude de l'existence, et sent bien davantage qu'il peut jouir de toute la latitude du code fondamental du genre humain, y vivre et s'y mouvoir en paix. Un tel peuple est la nation française, cette grande nation dont la valeur et les hautes vertus commandent aujourd'hui l'admiration du monde entier.

Puissent surtout commander plus encore les sages appelés en ce moment à régler ses destinées, et se rendre dignes des palmes de l'immortalité. La victoire leur a été déposée entre les mains par la valeur et le courage, les portes du temple de mémoire leur ont été ouvertes, ils n'ont plus qu'à y entrer pour ceindre leurs couronnes. Pourquoi n'oseraient-ils ? se montreraient-ils inférieurs aux classes du peuple qui ont vaincu? se placeraient-ils bénévolement dans les derniers rangs hiérarchiques de la civilisation ? le monde pour eux serait-il renversé ? loin de nous ces tristes pensées , tout doit en France être à l'unisson , et ses mandataires ne resteront point au-dessous de leur noble tâche.

Que Philippe premier soit grand , mais que la France soit toujours libre ; qu'il n'oublie jamais que c'est du peuple qu'il tient le pouvoir; qu'il est le chef d'une nation fière et courageuse, éclairée et magnanime , dont le premier besoin est le triomphe de l'auguste cause du siècle; qu'il ait toujours présent à sa pensée que les plus grands des rois , sont moins ceux qui ont fondé, relevé ou conquis des états que ceux qui ont voulu établir l'empire des lumières , instruire les peuples pour les gouverner par la raison et la sagesse, et faire leur bonheur en les rendant plus vertueux et meilleurs.

———

Nota. J'ai consigné dans ce faible opuscule, le fruit de trente années de méditations sur les points cardinaux d'ordonnation de l'espèce ; puisse l'humanité en retirer quelque profit !

puissent les peuples oser contempler la vérité
en face, et avoir le courage d'en réclamer l'application pratique! fasse surtout le ciel que les
gouvernans soient assez éclairés et assez sages
pour s'élever à la hauteur de leur divine mission : pour se constituer les génies du bien, et
les véritables astres tutélaires de la terre.

FIN.

IMPRIMERIE DE DEMONVILLE,
rue Christine, n° 2.